LaBrassBanda

Barfuß in Lederhosen um die Welt

Text: Jan Wehn

POLYGLOTT

Inhaltsverzeichnis

Editorial	6	
#1 Erste Probe	12	
#2 Bosnien: erste »Europatour«	14	
#3 Rückblick	18	
Special Reduktion	24	
#4 Unser erstes London-Abenteuer	26	
#5 2008 – wir und die Fußball-EM	32	
#6 Skitour for Promo	40	
#7 Schandmaul	48	
#8 Roskilde – wir gegen Oasis	56	
#9 Sibirien – Winter – Wodka	60	

Special Essen auf Tour 70
#10 We go Simbabwe 72
#11 Dreimal Circus Krone 78
#12 Live in der BBC! 86
Special DIY – (fast) alles selbstgemacht 92
#13 Über New York nach L. A. 94
#14 Zweimal Olympiahalle 102
#15 Hurricane 108
#16 Chiemsee Reggae Summer 2009/12/16 114
#17 Sziget 2012/15/18 118

#18 **»Nackert« – Eurovision 2013** 126	**Die Band in Steckbriefen** 188
#19 **Die Ärzte und die Hosen** 132	**Geschichte der Band** 190
#20 **Quer durch Deutschland** 136	**Diskografie** 190
Special **Backstage** 142	**Ortsregister** 191
#21 **Die Bierzelt-Tour** 144	**Bildnachweis** 191
#22 **Kiah Royal** 148	**Dank** 192
#23 **UK Damned Tour** 154	**Impressum** 192
#24 **Around the World** 160	
#25 **Königsplatz, München** 170	
#26 **Die 30-Minuten-Biergarten-Tour** 176	
#27 **Yoga Symphony** 180	

Typisch Stefan – das ist auf der Bühne der sicherste Platz für seine Trompete, wenn er sie mal aus der Hand legen muss.

Editorial

Wie dieses Buch entstanden ist

In 15 Jahren Bandgeschichte hieß es schon öfter: »Schreibt eure Geschichte doch mal auf!« Aber wir waren immer skeptisch. Ja, die Entwicklung von LaBrassBanda ist schon ganz spannend, aber in einem dicken Wälzer darüber zu philosophieren, was es mit dem Spielen von Konzerten eigentlich auf sich hat? Das hätte sich irgendwie nicht nach uns angefühlt.

Die Musik von LaBrassBanda muss man schließlich erleben – bei kleinen Gigs in Clubs oder Auftritten auf den großen Bühnen der Festivals. Sowohl das eine als auch das andere haben wir mittlerweile schon gemacht, und zwar auf der ganzen Welt – es war uns von Anfang an wichtig, nicht nur um das eigene Land zu kreisen. Auch deshalb trägt dieses Buch den Titel »Barfuß in Lederhosen um die Welt«.

Das Interessante und Spannende ist ja, dass wir als bayerische Band das Selbstvertrauen gefunden haben, genau das auch wirklich mit unserer Musik zu tun: nicht nur in Bayern zu spielen, sondern raus in die Welt zu gehen – egal ob Europa, Russland oder Afrika. Dorthin, wo uns keiner versteht, aber die Menschen dennoch tanzen, feiern und eine gute Zeit haben. Ganz ohne Zweifel oder Fragezeichen, sondern einfach nur ein paar schöne Stunden mit

Editorial

uns Musikern aus Bayern, die auf einmal in einem kleinen Club in Hongkong für ein paar Stunden die allercoolsten Typen überhaupt sind. Genau dieser Spagat motiviert uns bis heute und treibt uns immer wieder raus in die Welt. Auf all unseren Reisen haben wir uns weiterentwickelt, sind wir zu der Band, aber auch zu den Menschen geworden, die wir sind. Und während dieser Touren sind natürlich unzählige Fotos entstanden.

Tagsüber, vor den Auftritten, erkunden wir die Städte, in deren Clubs und Hallen wir am Abend spielen, und sammeln dabei Impressionen. Reisen haben wir immer schon als Begegnung mit der jeweiligen Kultur vor Ort verstanden. Mit dem Essen, den Menschen, der Architektur kann man sich ganz wunderbar die Zeit bis zum Konzert am Abend vertreiben.

Unser Schlagzeuger, der Yossi, ist seit jeher ambitionierter Fotograf und hat unsere Reisen in den ersten Jahren mit den unterschiedlichsten Analogkameras begleitet. Smartphones gab's in den Anfängen noch gar nicht so richtig – und später hatten wir nicht unbedingt das Geld für die neuesten Geräte. Dazu kommen ab 2015 auch viele Fotos von professionellen Fotografen. Sie liefern nochmal einen ganz anderen, spannenden Blick von außerhalb auf uns als Band – wobei einige der Fotografen so oft dabei waren, dass sie fast zur Band gehören.

Analoges Fotografieren heißt auch, die Bilder gar nicht – wie heute üblich – sofort zu sehen, sondern erst zu Hause, nach dem Entwickeln. Oder ein paar Jahre später, wenn man einen halb verknipsten Film in der hinterletzten Ecke einer Reisetasche findet.

Dieses Buch ist ein Fest: Mit euch, unseren Fans, feiern wir 15 Jahre LaBrassBanda in Bildern und Geschichten.

Ein bisschen so war es auch jetzt beim Sichten der Bilder und beim Erinnern an die dazugehörigen Erlebnisse. Wenn man unterwegs ist, verschwimmt alles miteinander, wird zu einer einzigen langen Geschichte. Aber die Bilder helfen, das Erlebte nochmal zu sortieren und einzuordnen, sich bewusst zu machen, was da eigentlich alles passiert ist.

Das Reisen, Konzerte am anderen Ende der Welt spielen – all das steht im Jahr 2022 wegen der Pandemie unter keinem guten Stern. Aber wir geben die Hoffnung nicht auf. Denn auch, wenn man das nach den beiden Welttourneen 2017 und 2019 nicht glauben würde: Die Welt ist für uns noch unentdeckt. Unsere Tourneen haben uns bisher ja in erster Linie in die Hauptstädte gebracht. Bei solchen Reisen bekommt man natürlich ein Gefühl für die einzelnen Länder – dafür, wie die Leute drauf sind, wie sie reden, was sie essen oder wie sie feiern –, aber so richtig lernt man ein Land ja erst abseits der großen Städte kennen. Die Welt auch mal auf diese Weise zu erkunden, steht auf jeden Fall ganz oben auf unserer Wunschliste.

Bis dahin feiern wir mit diesem Buch unsere bisherige Bandgeschichte – mit euch, unseren Fans. Mit diesem Buch bekommt auch ihr die Möglichkeit, euch nochmal ganz genau anzuschauen, welche Entwicklung wir als Band in den letzten 15 Jahren durchlaufen haben.

Man muss dieses Buch, auch, wenn es chronologisch angeordnet ist, nicht von vorne nach hinten lesen. Man kann es nehmen, irgendwo aufklappen, die Geschichten durchlesen – oder einfach nur die Bilder anschauen und auf sich wirken lassen. Ganz so, als ob man zu einem unserer Konzerte kommen würde.

Viel Spaß!

Release-Konzert des »Around the World«-Albums in der Olympiahalle 2017. Wir spielten unsere gesamte Diskografie durch – über drei Stunden!

Tourdaten 2007

10.2.07__ hammerhalle, rosenheim (BY)

23.3.07__asta kneipe, rosenheim (BY)

24.3.07__ festung, traunstein (BY)

21.4.07__zerwirk, münchen (BY)

23.5.07__ uni festival, gießen (D)

26.5.07__ festung, traunstein (BY)

1.6.07__mozarteum grillfest, salzburg (A)

2.6.07__time of the gypsys, london (UK)

3.6.07__ favela chic,

4.6.07__uncle sam, lon

9.6.07__ festival im

28.7.07__big bavarian

3.8.07__drei tage zus

4.8.07__10.prijatelst

6.8.07__jurova makin

8.8.07__foul, sumart

10.8.07 __club carri

11.8.07__ bar a pie

12.8.07__rifugio mu

31.8.07__kunst in

7.9.07__bosnian we

8.9.07__grütten hi

9.9.07__oase, ste

15.9.07__zerwirk,

27.9.07__glockenbachwerkstatt, münchen(BY)

12.10.07__brass beat festival, rosenheim (BY)

LaBrassBanda

andreas auer, telefon.: 0049(0)170 830 75 30
e-mail.: andrez71@lycosxxl.de
www.labrassbanda.com

Diese Fotos sind tatsächlich bei unserer ersten Probe entstanden. Ein Glück, dass die Kamera dabei war.

Die Urbesetzung bestand nur aus vier Leuten. Der E-Bass kam kurze Zeit später dazu.

#1

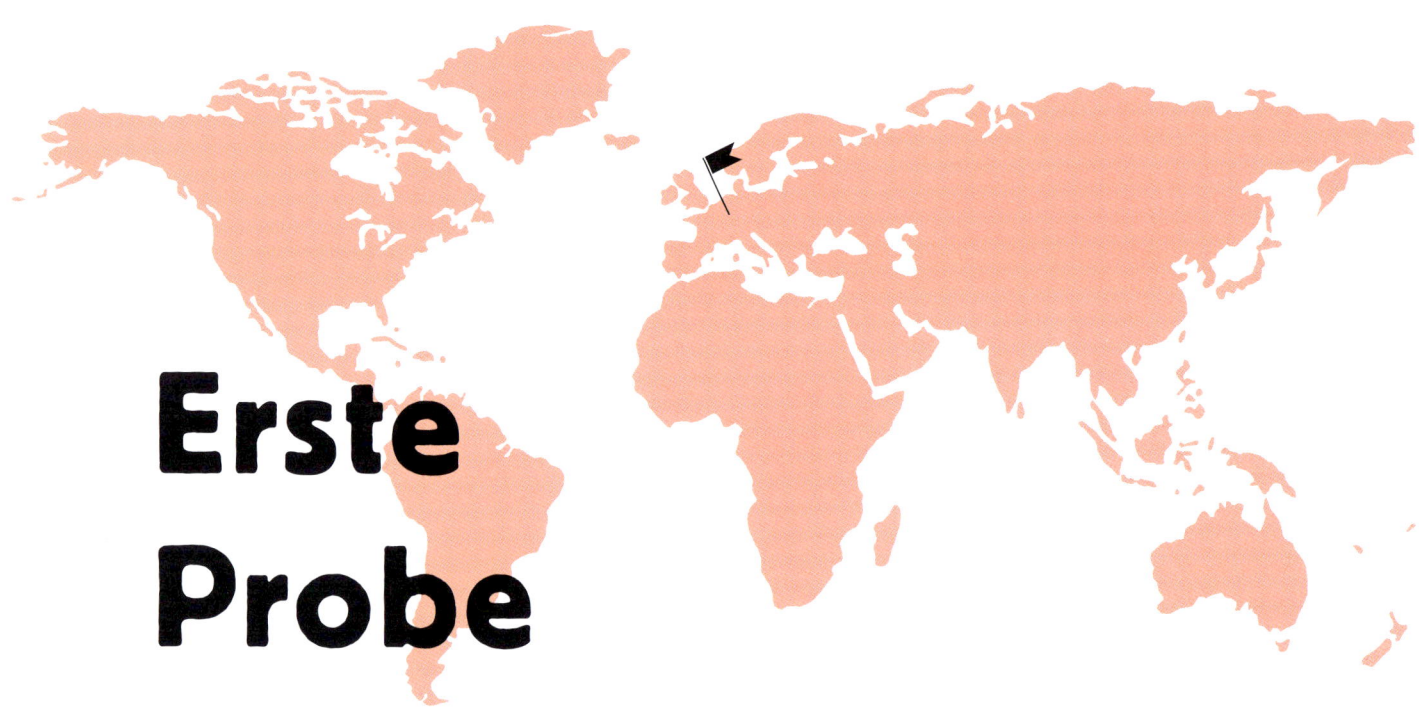

Erste Probe

Ja, so ging's 2007 los. Wir waren bei Freunden, spielten ein bisschen Musik, einer hatte eine Kamera dabei und knipste herum: Das waren unsere ersten Bandfotos, und bald folgte der erste »richtige« Auftritt vor Publikum.

Bei unserer ersten Probe gab es völlig unabsichtlich und ganz nebenbei ein Fotoshooting. Und das kam auch nur zustande, weil Yossi zufällig seine Kamera dabeihatte. Aber das professionelle Posen vor falscher Alpenpanoramakulisse, auf dem Bauernhof von Freunden, beschreibt vielleicht ganz gut das Selbstvertrauen, welches wir damals schon hatten. 2007 war das.

Und weil wir fast immer Musik machten, wenn wir beisammen waren, probten wir im Anschluss auch noch. Obwohl – eine echte Probe konnte man das, was wir da veranstalteten, auch nicht unbedingt nennen. Es war mehr eine Jamsession mit vorher festgelegter Uhrzeit, bei der wir uns drei, vier schnelle Melodien überlegten. Anschließend gab es Bier. Aber wir wollten eben möglichst schnell raus, ab auf die Bühne.

Der erste echte Auftritt von LaBrassBanda fand in der Hammerhalle in Rosenheim statt, als Support von Attwenger, einer legendären Band aus Österreich. Und ein krasses Kontrastprogramm zu uns: Wir gingen nach einer ersten spontanen Probe gleich rauf auf die Bühne und legten mit arg viel Spaß einfach los. Beim Publikum kam das mehr als gut an. Die Leute flippten aus, hatten Spaß und tanzten – und als Attwenger die Bühne betraten, waren alle schon komplett erledigt. An dem Abend wurde ziemlich schnell klar, dass Attwenger und LaBrassBanda recht unterschiedliche Auffassungen von Musik haben. Aber für uns war es eine lustige Erfahrung und der Beweis, dass wir auf dem richtigen Weg sind. Es war von Anfang an klar: Das, was wir machen, darf auf keinen Fall verkopft sein, darf nicht Kunst sein wollen und darf vor allem auch keine Viertelstunde brauchen, bis es funktioniert.

Da waren es schon fünf (von links): Manuel Winbeck, Oliver Wrage (E-Bass), Manuel »Yossi« da Coll (Schlagzeug), Stefan Dettl und Andreas Martin Hofmeir.

Wir gingen nach einer ersten spontanen Probe gleich rauf auf die Bühne und legten mit arg viel Spaß einfach los.

Damit sich das schnell rumsprach, fertigten wir Werbeflyer mit Infos zur Band an und verteilten sie nach unseren Konzerten. Wir fanden, dass das sehr professionell aussah – nach einer Band, die es wissen wollte. Aus genau dem Grund war die Telefonnummer auch gleich mit internationaler Vorwahl abgedruckt, damit auch wirklich jeder sofort zu uns durchkam.

Und tatsächlich sollte schon bald das Telefon klingeln …

Die Idee zu LaBrassBanda kam von Stefan. Er hat uns alle zusammengebracht.

Bosnien: erste »Europatour«

Im Jahr unserer Gründung folgte gleich die erste »Europatour«: Es ging nach Bosnien, und ganz nebenbei entwickelten sich unsere Markenzeichen. Wir waren mit reduziertem Gepäck unterwegs und spielten – weil es sich als praktisch erwies – barfuß und in Lederhosen.

Nach ein paar Clubkonzerten flatterten uns tatsächlich im selben Jahr noch, 2007, die ersten Anfragen für Auftritte außerhalb Deutschlands ins Haus. Eine davon erreichte uns über MySpace. Da das ja schon eine Weile her ist, muss man an dieser Stelle vielleicht nochmal kurz erwähnen, dass MySpace Mitte der 2000er-Jahre gerade das Ding schlechthin für Musiker:innen war – nämlich eine Plattform, die man im Grunde für alles benützen konnte, was für Künstler:innen wichtig war: Man konnte eigene Songs hochladen, Fotos veröffentlichen und kommentieren, News-Beiträge schreiben – und Fans akquirieren.

Nach den Proben saß oft die ganze Band noch um den Laptop. Wir fügten unserem Profil mehr und mehr Freunde hinzu, schrieben ihnen Nachrichten und luden Aufnahmen der Proben oder halbfertige Songs hoch – und Menschen auf der ganzen Welt konnten die Songs hören und ihren Spaß damit haben. So wurde LaBrassBanda immer bekannter.

Die Dame, die uns für einen Auftritt in Bosnien anfragte, hatte uns allerdings bei einem unserer ersten Konzerte in Deutschland gesehen. Und weil sie Verwandtschaft in Bosnien hatte, hielt sie es für eine gute Idee, uns dort eine Auftrittsmöglichkeit zu vermitteln. Und zwar bei einem Friedensfest in Goražde – einer Stadt, die insofern bedeutsam ist, weil in ihr sowohl viele christlich-orthodoxe Gläubige als auch Muslime wohnen. Nach der Trennung im Bosnienkrieg wurden die beiden Stadthälften wieder vereint und in Erinnerung daran jedes Jahr ein Friedensfest veranstaltet. Weil unser damaliger Tubist Hans außerdem Wahlverwandtschaften in Kroatien pflegte und ohnehin den Sommer dort verbringen wollte, sagten wir kurzerhand zu.

Pinkelpause auf unserer ersten richtigen Tour, zu fünft im Kombi.

Ein Konzert außerhalb Bayerns? Für uns war die Sache klar: Das hier würde unsere erste Europatour werden.

Ein Konzert außerhalb von Bayern und sogar Deutschland? Für uns war die Sache klar: Das hier würde unsere erste Europatour werden. Und für die brauchte man natürlich ein standesgemäßes Bandmobil mit unserem Logo drauf. Normalerweise foliert man dafür Heckscheibe und Motorhaube eines Fahrzeugs – mindestens. Aber weil wir erstens kein Budget für so etwas hatten und deshalb zweitens gezwungen waren, extrem gut zu kalkulieren, musste eine andere Lösung her.

Also kauften wir kurzerhand einen großen Stapel Einmachetiketten für Marmeladengläser. Die ungefähr briefmarkengroßen Aufkleber eigneten sich perfekt für unseren Zweck: Wir klebten in liebevoller Kleinstarbeit unser Logo auf die Motorhaube unseres VW Passat. Natürlich machten wir den Anfängerfehler und begannen einfach am linken Rand der Motorhaube mit »L« – kein Wunder, dass die ersten Versuche allesamt misslangen, weil wir nach dem halben Namen schon am Kotflügel gegenüber angekommen waren. Erst nach dem X-ten Versuch war klar, dass man natürlich mit dem mittleren Buchstaben und in der Mitte der Haube über dem VW-Emblem beginnen musste.

Wassermusik!

Wir schliefen drei Nächte auf den betonierten Strandanlagen direkt am Wasser, zugedeckt mit der Plane eines alten Lazarett-Zelts.

Ohnehin war auf der Reise nach Bosnien jede Menge Erfindungsreichtum gefragt. Denn der Platz im Auto war begrenzt. Aber irgendwie mussten wir fünf, unsere Instrumente und was man sonst so auf eine mehrtägige Reise mitnimmt ja Platz finden. Deshalb packte jeder von uns nur das Nötigste in den Hohlkörper der Bassdrum, der uns allen als Reisetasche diente. Schuhe hatten da keinen Platz, weshalb wir uns barfuß durch Bosnien bewegten.

Und statt großer Trompeten packten wir lieber halb so große Exemplare ein – beides ist bis heute so geblieben.

Als Unterkunft sollte uns ein uraltes Lazarett-Zelt dienen, das vermutlich einer unserer Großväter schon benützt hatte. Wir bauten es allerdings nie auf, sondern verwendeten es einfach als Decke, unter die wir alle drunterpassten.

Der Auftritt beim Friedensfest selbst lief dann besser, als wir uns das hätten vorstellen können. Wir kamen auf die Minute genau an und stolperten auf die viel zu große Bühne, auf der ein Symphonieorchester Platz gehabt hätte. Unsicher postierten wir uns zu Anfang erstmal verloren in der Mitte der Bühne und legten los. Wobei das mit dem, was LaBrassBanda einmal ausmachen würde, noch nicht so viel zu tun hatte. Vielmehr war es eine wild durcheinandergemischte Jamsession, bei der jeder von uns Mal ans Mikro durfte – aber den Leuten, die vor der Bühne zu unseren Rhythmen und Klängen tanzten, gefiel es.

Ohnehin war auf der Reise nach Bosnien jede Menge Erfindungsreichtum gefragt. Denn der Platz im Auto war begrenzt.

Für uns immer eine Herausforderung: einheimische Schnäpse. Meist siegt die Neugier ...

#3 Rückblick

Die Inspiration zu LaBrassBanda kam von Stefan, nach einer Amerikareise. Wir hatten ja alle eine klassische Musikerausbildung am Konservatorium oder an einer Musikhochschule absolviert, waren aber schwer enttäuscht von der Arbeitswirklichkeit der Berufsmusiker.

Eigentlich war LaBrassBanda ja nie geplant. Direkt vor der Gründung unserer Band absolvierte jeder von uns ein Musikstudium an einer Hochschule oder am Konservatorium: jede Menge Theorie und umso weniger Praxis. Wir beschäftigten uns viel mit Noten, mit Harmonielehre, Musikgeschichte und unseren Instrumenten. Eine solche Ausbildung kann ins Symphonieorchester führen, zu einer Solokarriere oder in diverse andere berufliche Tätigkeiten. Was uns aber immer das Wichtigste war, wofür wir brannten, war, mit Gleichgesinnten Musik zu machen. Deshalb konnten wir es auch kaum erwarten, nach dem Studium endlich richtig loszulegen.

Aber mit dem Ende des Studiums kam die Ernüchterung: Die Stellen, die jeder einzelne von uns angeboten bekam, waren alles andere als erfüllend. Wir taten im Grunde nichts anderes als Musikunterricht zu geben oder Dienstleistungsjobs anzunehmen: Erwartungen erfüllen, Geld einstecken, nach Hause gehen – und dann wieder von vorne. Wir versuchten, unser Repertoire ein bisschen zu erweitern und heuerten in Dixie-, Swing- und Jazz-Bands an. Aber auch da wurde es nicht viel besser.

Die Leidenschaft, die ein jeder von uns aufbringen musste, um ein Instrument zu studieren, war groß und es hieß, viele Hürden zu überwinden. Aber dann saßen wir da Abend für Abend mit Menschen auf einer Bühne, von denen die wenigsten den Anschein erweckten, dass sie Lust am Spielen hatten. Irgend-

Bei den regelmäßigen öffentlichen Konzerten während des Studiums wurden wir aufeinander aufmerksam.

wie war uns allen ganz unabhängig voneinander klar, dass wir zu jung für eine solche Karriere waren.

Stefan hatte schließlich die Idee zu LaBrassBanda. Er war total begeistert von der Youngblood Brass Band aus den USA – sein Freund Andi Auer hatte ihm einen Stapel Platten der Band vorbeigebracht.

Und irgendwann passierte es: Stefan war in Amerika, wo er mit seinem damaligen Ensemble in Kirchen klassische Konzerte spielte. Wie es der Zufall so wollte, fand im Nachbarort ein Konzert dieser Brass Band statt, das er besuchen konnte: sieben Blechbläser, die Clubmusik irgendwo zwischen Jazz, Funk, Techno und HipHop mit ihren Möglichkeiten neu interpretierten. Auf einmal machte alles Sinn. Stefan kehrte völlig begeistert nach Deutschland zurück und erzählte uns von seinem Erlebnis – und LaBrassBanda war geboren.

So kam es, dass wir eigentlich noch eine zweite Ausbildung nach dem Studium durchliefen: das Spielen mit der Band. Für uns alle war klar: Jetzt können wir selber aktiv werden und den Musikkosmos so gestalten, wie wir es schon immer wollten. Die Band-Gründung setzte etwas frei, nach dem wir so lange auf der Suche gewesen waren und von dem wir gar nicht

> Was uns aber immer das Wichtigste war, wofür wir brannten, war, mit Gleichgesinnten Musik zu machen.

genau wussten, was es eigentlich ist. Sich voll ausleben und etwas trauen. Speziell sein. Die Dinge anders machen. Rauf auf die Bühne, spielen und sofort spüren, was das eigene Tun bei den Menschen im Publikum auslöst. Mit diesem Mix aus Blasmusik, Balkansound und Beats hatten wir unseren und den Nerv des Publikums getroffen: Wenn den Zuschauer:innen das Bier aus der Hand fällt, bevor alle zusammen abgehen, dann weißt du, dass es gut läuft – egal ob in einem Techno-Club in Wien, auf dem Weltmusikfestival in Budapest oder in einem traditionellen Indie-Schuppen in den USA.

Genau dafür gibt es diese Band bis heute. Dafür ist sie gemacht. Unterwegs sein, irgendwo hinfahren, ankommen, auspacken, losspielen. Ein Modus, in dem es keine Fragen gibt, in dem alles klar ist und sich genau richtig anfühlt.

Stefan stammt aus einer musikalischen Familie. Sein Vater spielt Tuba und der Großvater die Trompete.

Das Konzert im Münchner Theatron ist legendär. Es war die Feuertaufe für die Band.

Die erste LaBrassBanda-Besetzung bestand bis 2013.

Reduktion

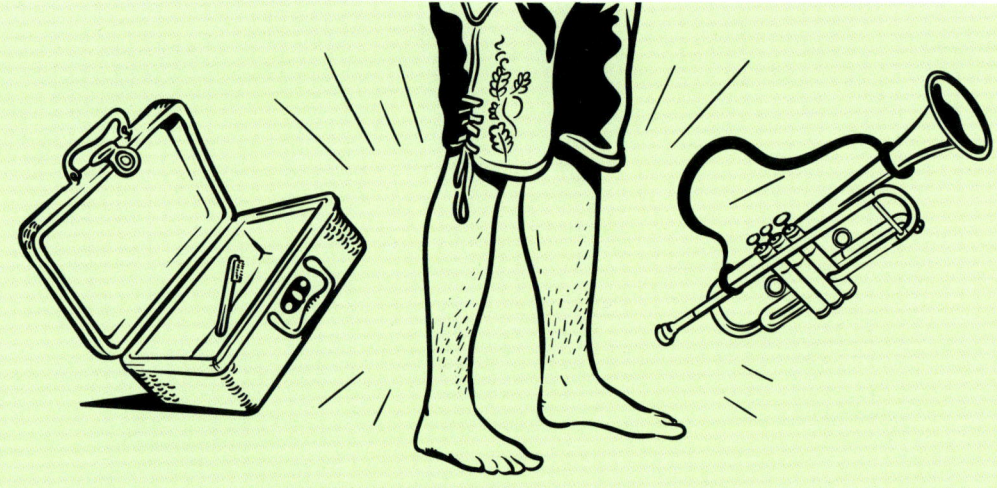

Aus wenig viel machen – das war kein Motto, das wir uns von Anfang an auf die Fahnen geschrieben haben. Das entstand mehr aus der Situation heraus, einfach aus logistischen Gründen. Auf Tour hat man, gerade als junge Band mit nur einem fahrbaren Untersatz, einfach wenig Platz. Also muss das Gepäck eben weniger werden.

Wir suchten uns die Instrumente aus dem familieneigenen Fundus und auf irgendwelchen Dachböden zusammen.

Was die Instrumente anging, wählten wir daher die kleinstmöglichen Versionen. Zum Beispiel die Eb-Trompete, die im Grunde nur eine kleinere Entsprechung ihres großen Vorbildes ist. Der Klang bleibt der gleiche. Stefan fand sein erstes Exemplar damals auf einem Flohmarkt in Berlin – genau wie der Rest der Band sich seine Instrumente aus dem familieneigenen Fundus oder von irgendwelchen Dachböden zusammensuchte. Die Instrumente reisen seitdem ohne Koffer mit uns, ganz unkompliziert. Natürlich nutzen die Instrumente sich so etwas mehr ab. Aber Trompeten sind in der Regel aus Messing – ein sehr weiches Material, das sich durch ein bisschen Biegen auch wieder perfekt in den Ausgangszustand zurückversetzen lässt. Und falls doch mal was kaputtgehen sollte, tut's auch Panzerband oder ein Kabelbinder.

Die Reduktion beschränkte sich bei uns nicht nur auf die Instrumente. Auch was Kleidung angeht, dachten wir von Anfang an ganz pragmatisch und wählten die Lederhosen nicht aus dem Grund, dass sie in Bayern eben dazugehören, sondern weil sie so ungemein praktisch sind. Man kann sie ewig tragen, sie müssen nicht gewaschen werden und sind im Sommer wie im Winter bequem. Über die Jahre ist unsere Lederhosengarderobe ganz schön gewachsen: Geschenkte, gefundene, getauschte Exemplare – da ist wirklich alles dabei. Die beste Pflege: Die Hosen so häufig wie möglich tragen und sie manchmal auch einfetten – beim Essen mal die Hände daran abwischen reicht da schon aus.

Auch, dass wir seit Bandgründung barfuß unterwegs sind, hat Platzgründe. Natürlich bringt das nicht nur Vorteile mit sich. Die schmerzhafteste Erfahrung hat wohl Yossi gemacht, der mit bloßen Sohlen in eine frisch abgeschnittene Maispflanze sprang. Während eines Auftritts jumpte er von der Freilichtbühne auf einem abgeernteten Feld mitten hinein in den messerscharfen Strunk, aber weil's danach direkt ins Publikum und anschließend wieder auf die Bühne ging, merkte er gar nichts davon. Erst, als sich unterm Schlagzeug eine Blutlache bildete, dämmerte uns, dass da was passiert sein musste.

Mit der Zeit hat sich aus dieser Reduktion unser größter Vorteil als Band entwickelt: Egal wo man hinkommt, egal wie es ausschaut – wir kommen mit allem klar und es gibt keine Ausrede, nicht auf der Stelle mit dem loszulegen, was am allerwichtigsten ist: die Musik.

Unser erstes London-Abenteuer

London calling – voller Vorfreude fuhren wir nach London: Stefan hatte ein Bild gekauft, und der Künstler wollte uns gleich drei Auftrittsmöglichkeiten organisieren. Es kam zwar alles anders als geplant, und zwar wirklich alles – trotzdem ist unser erstes London-Abenteuer eine tolle Erinnerung.

Eines Tages bekamen wir auf MySpace eine Nachricht aus England. Sie stammte von La Toupét, einem französischen Künstler, der in London lebte und dort in seinem Atelier, wie er uns schrieb, zu unserer Musik seine Bilder malte. Neugierig klickten wir uns durch die MySpace-Galerie, in der einige seiner Arbeiten zu sehen waren.

Eines der Bilder, darauf zwei Augen mit Flügeln, gefiel Stefan so gut, dass er es unbedingt kaufen wollte. Der Preis: stolze 600 Euro. Aber Stefan war so begeistert von Lu Toupéts Arbeit, dass er ohne Zögern einwilligte. Allerdings nur unter einer Bedingung: La Toupét, der sich ja offenbar in Londons Clubszene auskannte, sollte uns doch bitte einen Auftritt in London besorgen. Anschließend würde Stefan das Geld überweisen und das Bild schließlich beim Besuch in Großbritannien mit nach Deutschland nehmen. Kein Problem für La Toupét, wie er schrieb: Er habe uns gleich drei Gigs in London organisiert. Voller Vorfreude packten wir unsere Sachen und machten uns auf den Weg. Endlich in England spielen, noch dazu in London! Wo der Geist der Beatles durch die Clubs wehte, in die Welt der Abbey Road Studios und der Royal Academy of Music – da würde unser Weg nun hinführen! Ein langgehegter Traum schien endlich in Erfüllung zu gehen.

Aber als wir ankamen, mussten wir feststellen, dass La Toupét den Mund wohl etwas zu voll genommen hatte. Denn von den drei versprochenen Auftritten war exakt keiner organisiert worden. Auch die Sache mit dem Bild, das Stefan von La Toupét erworben hatte, stellte sich etwas komplizierter dar als ur-

Vor dem K4 vertrieben wir uns die Zeit mit dem Hacky-Sack.

Endlich in England spielen, noch dazu in London!

sprünglich gedacht. Denn wie der geniale Maler vor Ort kleinlaut gestehen musste, war das Kunstwerk gerade mal so groß wie eine Briefmarke – und befand sich zu allem Überfluss auch noch im Notizbüchlein des Künstlers. Trotz des bereits bezahlten Kaufpreises konnte Stefan das Bild also gar nicht überreicht bekommen. Als Entschädigung gab es immerhin einen Stapel Postkarten mit Motiven von La Toupét für Stefan – ein schwacher Trost für 600 Euro samt Anreise und Vorfreude auf drei Konzerte.

Die Enttäuschung war uns allen und Stefan gleich doppelt anzusehen. Ein Gemütszustand, der auch unserem frankobritischen Künstlerfreund nicht entgangen war, weshalb er eine befreundete Musikmanagerin darum bat, sich mal in der Stadt umzuhören, ob sich mit ein bisschen Glück in den nächsten Tagen nicht doch noch hier und da eine Möglichkeit des Musikmachens für uns ergeben würde.

Wir hatten Glück. Den ersten Auftritt spielten wir noch am selben Abend in der Kommune von La Toupét. Das war ein in die Jahre gekommener Gebäudekomplex, in dem auf mehreren Etagen Künstler:innen aller Couleur lebten. Während eines der Stockwerke mit einer üppigen Marihuana-Plantage bepflanzt war – hervorragend gepflegt: die Monsterpflanzen wuchsen bis unter die Decke! –, gab es in einem weiteren Geschoss eine große Bühne, auf der Theateraufführungen stattfanden. Und da traten

Unterwegs in London, natürlich mit Reiseführer in einem roten Doppelstockbus.

Sightseeing im Londoner Stadtteil Camden.

La Toupét hatte die Wände im K4 in seinem ganz eigenen Stil bemalt.

Genau das wurde uns beim dritten Gig an diesem Abend dann zum Verhängnis. Noch bekifft stolperten wir in Lederhosen und ohne Schuhe, dafür aber mit unseren Instrumenten unterm Arm dem Türsteher des renommierten Jazz-Clubs »Uncle Sam's« in die Arme – und der hatte natürlich Besseres zu tun, als uns in sein Etablissement zu lassen. Wir redeten auf ihn ein und versuchten ihm zu vermitteln, dass wir wirklich und wahrhaftig eine der Bands wären, die an diesem Abend in seinem Club »Uncle Sam's« spielen sollte. Nichts zu machen. Erst, als zu unserem großen Glück die Musikmanagerin aus dem Bekanntenkreis von La Toupét aufkreuzte und ein Machtwort sprach, wurden wir schließlich hineingelassen.

auch wir auf und gaben in schlechtem Englisch ein paar Songs zum Besten.

Unser nächster Gig fand im Favela Chic in Hackney im Nordosten der Stadt statt – und zwar im Rahmen einer Clubnacht für Balkan-Sounds. Während wir das Gefühl hatten, dass der Balkan-Hype in Deutschland schon wieder abebbte, war er in London gerade auf seinem absoluten Hoch.

Die Gage des Abends investierten wir natürlich umgehend in Bier – und Weed. Durch ein Versehen sogar jede Menge Weed. Und weil man auch eine fälschlicherweise erworbene große Menge Marihuana nicht einfach wegschmeißt, mussten wir das Kraut natürlich aufrauchen. Man muss allerdings dazu sagen, dass wir alle eher schlechte Kiffer sind, weshalb es uns im Anschluss auch dementsprechend mies ging.

Als wir dann endlich drin waren, machten wir es uns im hinterletzten Eck gemütlich – derart geschwächt vom Weed, dass wir möglicherweise sogar ein kleines Nickerchen einlegten. Wach wurden wir erst wieder, als wir auf der Bühne lautstark als berühmteste Brass-Band und der neue, heiße Scheiß aus Deutschland angekündigt wurden. Diese Vorschusslorbeeren konnten wir nun nicht unbedingt einlösen, aber immerhin fand ein australisches Pärchen den Auftritt ganz gut.

In den darauffolgenden Tagen vertrieben wir uns mit dem Spielen von Straßenmusik, mit Sightseeing und unzähligen Partien Hacky-Sack die Zeit. Dann ging es wieder zurück nach Bayern – zwar ohne das von Stefan gekaufte Bildchen, dafür aber mit jeder Menge neuem Selbstbewusstsein und einer neuen Identität als Band. Denn auch, wenn das wenige verdiente Geld für ein weiter im Notizbüchlein von La Toupét schlummerndes Bild und jede Menge Bier sowie Weed draufgegangen war, war die Reise nach London ein voller Erfolg – und die 600 und nochwas Euro somit ein mehr als gutes Investment.

# 2008 – wir und die Fußball-EM

Die Promo-Tour für unser erstes Album war ziemlich handgestrickt: Mit sehr wenig Budget, einem Traktor mit Anhänger voller Geranien, abgefahrenen Outfits und altersschwachen Mofas zuckelten wir vom Chiemgau bis Wien – und freuten uns über ein tolles Medienecho und ein begeistertes Publikum.

Unser erstes Album »Habediehre« erschien im Jahr 2008 bei unserem absoluten Wunschlabel: Trikont. Die unabhängige Plattenfirma aus München hat eine lange Tradition, und unter den Künstler:innen, die dort erschienen, waren viele, die wir selber gut fanden. Wir hatten lange auf diesen Moment hingearbeitet und waren superstolz auf unser fertiges Album. Aber als es kurz vor der Veröffentlichung an das Bewerben des Tonträgers ging, teilte man uns mit, dass für Promotion nur ein sehr geringes Budget vorgesehen war – das hatten wir uns anders vorgestellt.

Aber bei Trikont hieß es, dass das überhaupt kein Problem sei. Wir waren skeptisch. Als Band mit inzwischen internationaler Erfahrung hätten wir uns wenigstens ein paar Plakate gewünscht. Aber von denen wäre mit den paar Hundert Euro, die Trikont uns zur Verfügung stellte, auch nur eine geringe Auflage möglich gewesen. Also beschlossen wir, die Sache selbst in die Hand zu nehmen – und zwar auf unsere Weise.

Im Sommer 2008 war gerade die Fußballeuropameisterschaft in der Schweiz und Österreich in vollem Gange: das Wetter super, die Leute in Feierlaune. Was, so unsere Idee, lag also näher, als in der Releasewoche einfach von Übersee am Chiemsee, wo sich damals unser Studio befand, nach Wien zu fahren und auf der Strecke immer wieder Halt zu machen, um ein paar Songs aus dem Album zu spielen. Einfach ein bisschen Rummel machen.

»Das könnt ihr schon machen«, hieß es beim Label, »aber von den Medien wird sich dafür niemand interessieren. Da geht's nur um Fußball!«

Mit gemächlichen 18 Stundenkilometern erkundeten wir das schöne Salzburger Land, Oberösterreich und das Mostviertel.

Damit der Traktor-Anhänger noch mehr Aufsehen erregte, bepflanzten wir ihn mit Sommerblumen.

Der sollte uns unterwegs als Bühne dienen und musste natürlich Aufmerksamkeit erregen. Also bepflanzten wir ein paar Blumenkästen mit Geranien und Grünzeug und stellten sie auf den Anhänger. Auf den druckten wir »LaBrassBanda« und »Trikont« und packten noch die Instrumente drauf. Außerdem besorgten wir uns Mofas – und die passenden Kutten. Auch da war das Glück mit uns: Ein Nachbar, der eine Bekleidungsfirma besaß, hatte im Lager noch einen ganzen Satz ausgefranster

Doch das hörten wir schon gar nicht mehr. Für das magere Promo-Budget organisierten wir uns vom Keller Steff einen Traktor, einen »Eicher Bulldog« Baujahr 1953, samt Anhänger.

Also beschlossen wir, die Sache selbst in die Hand zu nehmen – und zwar auf unsere Weise.

33

Kameramann Günter Hanisch und der Keller Steff albern im Backstage, oder war es bei jemandem privat? Lässt sich nicht mehr rekonstruieren ...

Halt zum Spielen machten wir überall dort, wo wir vorher schon mal gespielt hatten oder Menschen kannten, die uns einen Schlafplatz anboten – und wenn mal weder das eine noch das andere möglich war, fuhren wir einfach, bis es dunkel wurde und schliefen so auch mal direkt an der Donau unter dem Anhänger des Bulldog. Nicht zu wissen, wo man einschläft oder was am nächsten Tag passieren wird – das war wirklich das ultimative Gefühl von Freiheit!

Begleitet wurden wir bei unserem Trip übrigens von den Raumwandlern, ein paar Spezl von uns, die in den Monaten davor mitbekommen hatten, was wir so machten und Bock hatten, die Tour mit der Kamera festzuhalten. Abends verkrochen sie sich in ihre Mercedes-Polizeiwanne, werteten das Material vom Tag aus, schnitten daraus ein kurzes Video und luden es im Anschluss direkt ins Internet, sodass wir die Fans hautnah an unserer Reise teilhaben lassen konnten.

Jeanswesten, die er nicht mehr brauchte, und auf die wir unser Logo bügelten. Einen Stapel knalloranger Shorts für die Band schenkte er uns auch noch. So abenteuerlich ausgestattet zogen wir los in Richtung Wien – mit atemberaubenden 18 Kilometern pro Stunde. Zumindest den ersten Tag. Denn die Mofas waren nicht für den Dauergebrauch und schon gar nicht für eine mehrere Hundert Kilometer lange Tour ausgelegt, weshalb eine Maschine nach der anderen den Geist aufgab. Was half, war entweder eine schnelle Reparatur – oder man hängte sich kurzerhand am Anhänger ein und ließ sich ziehen.

Von Vorteil war mit Sicherheit, dass wir mit den Mofas ohnehin keine Schnellstraße benutzen durften und deshalb eine Route über jede Menge Feldwege gewählt hatten. Genau so ging es über Salzburg und Linz an der Donau entlang bis nach Wien.

Vielleicht sprach sich unsere Tour auch deshalb so schnell rum. Denn als wir in Salzburg auf der Fanmeile ankamen, gab es gleich ein riesiges Rambazamba und der ORF und das »Heute Journal« berichteten über uns. Ein paar Tage später in Wien wurden wir ebenfalls schon erwartet und bekamen von ein paar feschen Österreicherinnen in einem feierlichen Akt offensichtlich übriggebliebene Skifahrer-Goldmedaillen überreicht – und zu guter Letzt durften wir dank dem ZDF noch ein Konzert vor 50.000 frenetischen Fußballfans auf der Hauptbühne spielen. Promotour geglückt!

Nicht zu wissen, wo man einschläft oder was am nächsten Tag passieren wird – das war wirklich das ultimative Gefühl von Freiheit!

Der alte Eicher-Bulldog war zwar langsam, aber sehr zuverlässig. Auf dem Anhänger befanden sich unsere Bühne und die ausgefallenen Mofas.

Das Konzert auf der Wiener Fanmeile vor dem Spiel Deutschland – Österreich war ein gebührender Abschluss der EM-Tour.

#6

Skitour for Promo

Beflügelt vom Erfolg der Traktor-Tour machten wir im Winter eine Skitour der anderen Art: mit Uralt-Skiern von Hütte zu Hütte, von Auftritt zu Auftritt. Und noch etwas Denkwürdiges passierte 2008: Wir kauften ein knallrotes ausgemustertes Feuerwehrauto – als Bandmobil und Bühne in einem.

Die EM-Tour war ein voller Erfolg – und auch für uns nochmal eine ganz neue Erfahrung. Wir waren, das hatten die Mofas ja so an sich, derart langsam unterwegs, dass wir das Ganze viel bewusster wahrnahmen als im Auto. Die Landschaft veränderte sich von Meter zu Meter und die Fahrt zur nächsten Location fühlte sich jedes Mal an wie eine richtige Reise. Also beschlossen wir, so schnell wie möglich ein weiteres Mal so langsam wie möglich unterwegs zu sein. Und was bot sich da bitte schön mehr an, als mit alten Holzskiern über den Alpenhauptkamm zu fahren – von St. Anton am Arlberg bis Innsbruck, immer von einer Skihütte zur nächsten?

Die gut hundert Jahre alten Brettl liehen wir uns bei einer traditionellen Skifabrik in Kufstein, die noch jede Menge Skier aus den Anfängen des Wintersports im Keller lagern hatte. Aber als wir zum ersten Mal auf den Dingern standen, wurde uns ein wenig mulmig angesichts der Herausforderung: Ohne die gewohnte Bindung war das eine ganz schön wackelige Angelegenheit!

Aber wir zogen es durch: Zum Tourstart ging es in St. Anton in altväterlicher Skimontur erstmal an den Hang, wo uns zwei Nostalgie-Skilehrer das seitliche Aufsteigen und anschließende Schussfahren mit dem antiken Gerät beibrachten.

In den nächsten Tagen bewegten wir uns also in bester Bruchpilotenmanier über die Hänge, während unsere Instrumente per Gondel auf die Hütten verfrachtet wurden, wo wir dann im Anschluss spielten.

Standkonzert auf dem Innsbrucker Hausberg.

> Wenn die Polizei kam, waren wir schon wieder über alle Berge, im wahrsten Sinne des Wortes.

So richtige Mengen an Fans hatten wir zu dem Zeitpunkt ja noch nicht. Gut möglich, dass ein oder zwei Gäste auf den Hütten schon mal von uns gehört hatten – aber wichtiger war uns, dass möglichst viele Menschen zum ersten Mal überhaupt von uns erfuhren.

Nach jedem Auftritt ging es inklusive Instrumente wieder runter vom Berg und zum Aufwärmen – der Winter 2008 war ja ganz schön kalt – in unser frisch erworbenes Bandmobil. Endlich besaßen wir nämlich ein eigenes Großraumfahrzeug, das perfekt für uns passte – und zwar ein ganz besonderes! Bis dahin hatten wir längere Strecken mit dem Bus von The Notwist bewältigt, der bekannten Band aus Weilheim, deren Sprinter wir uns immer mal wieder ausleihen konnten. Das Problem: Mit neun Personen und dem kompletten Equipment überschritten wir bei jeder Fahrt die erlaubte Last, sodass wir immer vor genaueren Kontrollen zitterten.

Auf der Suche nach Autos, die unsere gesamte Reisegruppe samt Instrumenten nicht nur fassten, sondern auch trugen, stießen wir immer wieder auf Oldtimer. Denn die besitzen in den meisten Fällen eine Blattfederung, die mehrere Tonnen aushält. Und wie der Zufall es wollte, fuhren wir auf der Rückfahrt von

Passüberquerung mit dem Oldtimer-Feuerwehrauto.

Wie schon bei der EM-Tour war der Keller Steff (links) Mechaniker und Vorband in Personalunion.

Der Feuerwehr-Mannschaftswagen bot Platz für bis zu neun Personen plus Backline. Wobei nur die Backline angeschnallt war.

In dem Fahrzeug sammelten sich im Lauf der Zeit so viele Devotionalien an, dass man damit ein Museum hätte ausstatten können.

Mit dem Feuerwehrauto unterwegs zu sein hieß Entschleunigung – unterbrochen nur von etlichen Stops für Getränkeaufnahme und -abgabe.

einem Konzert an einem ausrangierten Mercedes 409, einem Feuerwehrauto aus dem Jahr 1977, vorbei, das bei einem Gebrauchtwagenhändler für 1.750 Euro zum Verkauf stand. Wir schlugen sofort zu und legten los. Der Plan: Das Auto so vorbereiten, dass man mit ihm nicht nur von A nach B kommt, sondern im Grunde auch überall und sofort loslegen konnte. Also schraubten wir das Schlagzeug spielfertig auf dem Boden des Autos fest. Der Strom für die Soundanlage kam aus einem Stromaggregat mit Leck, das Yossi gleichzeitig als Hocker beim Spielen diente. Das Auto war ein kleiner Mannschaftswagen gewesen, für sieben oder vielleicht neun Feuerwehrleute. Platz war also genug.

Mit dem Feuerwehrauto spielten wir am Ende der Tour sogar in einem Club – man konnte durch eine riesige Tür in die Halle fahren! Und auf dem Weg dorthin nicht nur auf einem Dutzend Skihütten – zwischendurch beglückten wir noch jede Menge Weihnachtsmärkte. Das neue Bandmobil machte es möglich: einfach ankommen, Türen öffnen und loslegen. Wenn die Polizei kam, waren wir schon wieder über alle Berge, im wahrsten Sinne des Wortes. Aber nicht nur die Gesetzeshüter schauten das eine oder andere Mal vorbei. Auch das »Heute Journal« brachte einen Beitrag über uns. Denn auch mit der Skitour und unserem Feuerwehrauto waren wir wieder in aller Munde.

Nach jedem Auftritt ging es inklusive Instrumente wieder runter vom Berg und zum Aufwärmen.

Das selbstgesprühte Kuhlogo schmückte damals so einige Janker, Mäntel, Taschen und Instrumentenkoffer.

Nicht nur die Holzskier mit der Wackelbindung waren antik, auch unsere Kleidung orientierte sich an den Anfangsjahren des Bergsports.

Schandmaul

Wir – bunt, in Lederhosen, keiner Gaudi abgeneigt – und die Band Schandmaul mit ihren Fans: schwarz gekleidete Mittelalterfreaks. Das war ein ganz schöner Kontrast, aber je länger wir gemeinsam unterwegs waren, desto besser verstanden wir uns.

Wenn man erzählt, dass man als Band auf Tour geht, dann stellen sich die meisten darunter einen luxuriösen Lifestyle mit tollem Hotel und Champagner vor. Aber wer sich die bisherigen Berichte über unsere Bandausflüge so angesehen hat, der dürfte bereits einen etwas anderen Eindruck von unserer Art des Unterwegsseins gewonnen haben. Unsere Prämisse war immer, sofort einsatzbereit zu sein. In jedem Gemüts- und Geisteszustand einfach loslegen – egal, ob mit kaputter Trommel oder verbeulter Trompete: auf das Wesentliche oder noch weniger beschränkt und nach ein paar Bier trotzdem eine geile Show abliefern.

Wir freuten uns, als das Angebot kam, Schandmaul als Support auf ihrer Hallentour im Jahr 2008 zu begleiten. Unsere erste richtige Tournee – mit Nightliner, Backstageräumen und Catering! Einerseits. Andererseits irritierte uns die Idee auch. Hier die bajuwarische Blechbläserband, da die Folkrocker mit ausgesprochenem Mittelalterfaible.

Aber je länger wir mit den Jungs unterwegs waren, desto erfreuter stellten wir fest, dass wir noch mehr als das gleiche Bundesland teilen. Wie wir auch, sind Schandmaul einfach Typen, die das Musikmachen gelernt, aber sich dann nach ein paar Jahren doch für einen etwas anderen Weg entschieden haben und in ihrer ganz eigenen Nische große Erfolge feiern. Das änderte freilich nichts an dem Umstand, dass Abend für Abend nur Mittelalterrock-Fans vor der Bühne standen. Aber tatsächlich bekamen wir

Im Haus Auensee in Leipzig waren wir ein paar Jahre später selbst der Hauptact. Unser Auftritt dort mit Schandmaul war lehrreich für uns.

auch die auf unsere Seite gespielt, weshalb sich im Anschluss an die Show nicht selten lange Schlangen am Merchandise-Stand bildeten. Gut für uns. Denn wir hatten vor der gemeinsamen Tournee mit Schandmaul extra noch jede Menge Trachtenjanker mit unserem Kuh-Bandlogo in bunten Farben besprüht und ein paar Sätze Band-Shirts drucken lassen – natürlich in unseren liebsten Farben von Grün über Gelb bis Rot. Darauf, dass die Fans einer Mittelalterrockband vielleicht gerne auch ein schwarzes Exemplar gehabt hätten, waren wir natürlich nicht gekommen.

Unsere erste richtige Tournee – mit Nightliner, Backstageräumen und Catering!

Während wir anfangs gar nicht verstehen konnten, weshalb sich andere Bands oft gelangweilt im Backstage verkrümelten, ging es uns nach ein paar Tagen auf Tour ganz ähnlich.

SUNLIACHTN

Oiso i find du sollts as
einfach macha
ma scheißt sie doch eh
an ganzn dog
oiwei vei z vei
umanand daßd as foisch
macha kanntst

SUNLIGHT

I think you should
   just do it
We worry too much
   about it
everything always
Thinking 'bout how it
   could go wrong in
   all the ways

… #8

Roskilde – wir gegen Oasis

Die Einladung nach Dänemark auf eins der größten Musikfestivals in ganz Europa empfanden wir als große Ehre – gerade einmal zwei Jahre nach unserer Gründung, als uns noch kaum jemand kannte. Vor Ort folgte erst die Ernüchterung und dann der überraschende Erfolg beim Festivalpublikum.

In den ersten Jahren wanderten wir von einer Booking-Agentur zur nächsten. Weil fast niemand ein derartiges Pensum bei uns sah, vor allem Auftritte außerhalb von Deutschland, Österreich und der Schweiz, organisierten und planten wir unsere Auftritte und Touren fleißig mit.

Erreichen konnte man uns dafür nicht nur über MySpace, sondern vor allem auch über ein rotes Telefon, das in unserem Studio stand und auf das wir ziemlich stolz waren.

Nach der Gründung von LaBrassBanda klingelte der Apparat erst gar nicht und dann doch immer häufiger. Aber die Anfrage, die uns im Sommer 2009 erreichte, war dann eine ziemlich besondere:

Ob wir uns vorstellen könnten, beim Roskilde-Festival in Dänemark zu spielen. Stefan und Manuel hatten keine Ahnung, wovon die Rede war. Olli dafür umso mehr. Dadurch, dass er in Berlin lebte, hatte er schon mehr vom internationalen Musikkosmos mitbekommen und klärte uns auf.

Also sagten wir zu. Unser Auftritt, teilte man uns mit, solle um 18 Uhr im World-Music-Zelt stattfinden. Eine absolute Prime Time für eine Band von unserem Kaliber – noch dazu auf einem der mit über 115.000 Besuchern größten Musikfestivals in ganz Europa.

Als wir wenige Tage später das Festivalgelände in Dänemark betraten, wurde uns so langsam bewusst, was der Haken an der ganzen Sache war. Denn auf

Nach dem Konzert in Roskilde ging es gleich weiter: zum TFF (Tanz&FolkFest) in Rudolstadt, heute heißt es Rudolstadt-Festival.

der Hauptbühne spielten zur gleichen Zeit die Britpop-Helden von Oasis. Gegen die Gallagher-Brüder und Wonderwall, so unser Verdacht, waren wir chancenlos.

Nach der Gründung von LaBrassBanda klingelte der Apparat erst gar nicht und dann doch immer häufiger.

Eine Einschätzung, die sich bestätigte: Als wir schließlich zur Stagetime die Bühne betraten, herrschte gähnende Leere im Zelt. Gut, ganz alleine waren wir nicht. Vielleicht 40 Festivalbesucher:innen hatten sich eingefunden, um unserem Auftritt beizuwohnen – ein paar von ihnen trugen sogar Lederhosen. Vielleicht war das auch der Grund, aus dem wir trotz anfänglicher Resignation letztendlich Vollgas gaben. Mit Erfolg. Denn nach 20 Minuten war das Zelt bumsvoll und bis auf den letzten Platz mit Menschen gefüllt, die scheinbar keine Lust auf die halbgare Oasis-Show nebenan hatten. Denn was uns erst später einfiel: Die Briten waren zum Zeitpunkt ihres Headliner-Gigs schon zerstritten. Das bedeutete: gute Songs, aber eine schlechte Show. Und während nebenan auf der Hauptbühne »Champagne Supernova« lief, feierten wir mit 6.000 Menschen im brummenden und bollernden World-Music-Zelt eine Wikingerparty erster Güte – und wurden schließlich sogar zur »Band des Festivals« gewählt.

Die Stimmung im Zelt war unfassbar – sicherlich einer der größten Momente in unserer Bandgeschichte.

Sibirien – Winter – Wodka

Ein Wahnsinns-Abenteuer war unsere Reise nach Sibirien. Wir tauchten in völlig fremde Welten ein, erfuhren aber gleichzeitig so viel Gastfreundschaft und eine solche Musikbegeisterung des Publikums, dass wir immer mit einem warmen Gefühl an dieses extreme Land zurückdenken.

In diesem Jahr meldeten sich nicht nur die Dänen bei uns. Auch das Goethe-Institut rief an und fragte, ob wir Lust hätten, beim Deutschen Kulturfestival sibSTANCIJA in Nowosibirsk und Akademgorodok aufzutreten. Was für eine Frage! Zumal das Institut uns noch weitere Auftritte in Omsk, Krasnojarsk und sogar Moskau in Aussicht stellte.

Das Einzige, womit wir nicht ganz einverstanden waren, waren die angekündigten Flüge zwischen den Shows. Das erschien uns im Angesicht der weiten Strecken zwischen den sibirischen Städten zwar praktisch, aber nicht unbedingt stilsicher. Wenn man sich schon durch den asiatischen Teil Russlands bewegt, dann doch mit der Transsibirischen Eisenbahn!

Das Goethe-Institut zögerte. Viel zu kompliziert, hieß es. Aber dann wurden unsere Wünsche schließlich doch noch erhört und wir kamen in den Genuss, mit der altehrwürdigen Transsib durch das Land zu reisen. Um uns herum jede Menge Arbeiter:innen, die den Schienenverkehr tatsächlich nutzten, um für ihren Job einmal quer durch Sibirien zu fahren. Kaum eingestiegen, richteten sie sich gleich nach der Abfahrt für die achttägige Reise heimisch ein, entledigten sich erstmal des Großteils ihrer Anziehsachen und packten jede Menge Kulinarisches vom Hähnchen bis zur Fleischwurstsemmel aus. Entsprechend war die Luft nach ein paar Stunden nicht mehr die beste.

Abgesehen davon passierte zwischen den Bahnhöfen nicht sonderlich viel. Vor dem Fenster nur das Weiß der vorbeirauschenden Landschaft. Verschneite Birkenwälder, davor verschneite Wiesen und dazwischen alle paar Stunden ein rotes oder blaues Auto, das zum absoluten Highlight für die ermüdeten Augen wurde.

Wir staunten nicht schlecht, als wir mit dem Taxi durch die Stadt fuhren. Noch nie hatten wir eine so große Plakatwerbung für ein Konzert gehabt.

… eine endlose Schlange von Menschen vor dem Club, in dem wir an diesem Abend spielen sollten.

Auf der Transitstrecke fuhren uns oft Frachtzüge entgegen, deren offene Güterwaggons hoch aufgetürmt mit schmutzigem Schnee aus den Städten gefüllt waren, der einfach aufs Land transportiert wurde, weil er wegen des Permafrostbodens in der Stadt nicht schmolz. Jedesmal wenn sich die Gelegenheit dazu bot, schauten wir uns natürlich die Städte an, in die wir kamen. Dabei stießen wir auch immer wieder auf Menschen, die lange Stangen mit scharfen Metallkanten dabeihatten – Eiskratzer, die das Eis vom Boden schabten und mit dem Lauf der Sonne durch die Gegend schoben, um es so langsam zum Schmelzen zu bringen.

Gleichzeitig war Sibirien ungemein heiß – zumindest, was die Innenräume angeht. Egal, ob man einen Club oder ein Hotelzimmer betrat oder in ein Taxi stieg: Überall hatte es exakt 28 Grad. Der Grund: die von Moskau zentralgesteuerten Fernwärmerohre und die Abneigung der Sibirier, im Haus mehr als ein leichtes Hemd zu tragen.

Aber wir fuhren in Russland natürlich nicht nur mit der Eisenbahn spazieren, sondern spielten auch Konzerte. Drei davon fanden tatsächlich in Clubs statt, die den Namen »Che Guevara« trugen. Überhaupt war es interessant zu sehen, wie man an jeder Ecke zu spüren bekam, in was für einer Blase

Russland: Einerseits Sibirien und die Herzlichkeit der Menschen, dann Moskau, eine Stadt, deren Dimension und Härte schwierig zu begreifen war.

Es kam uns sehr unwirklich vor, im hintersten Eck von Sibirien in eine Schule eingeladen zu werden, in der Deutsch unterrichtet wurde.

das Goethe-Institut sich eigentlich befand. Der Export von deutschem Kulturgut war schon politischer als wir das als Band präsentieren wollten. Das merkte man vor allem an den Aktionen, die abseits der Konzerte geplant waren. Bei den Treffen, Empfängen und Besichtigungen war doch klar erkennbar, dass das Goethe-Institut ein Interessenverband ist, bei dem es um genau die gleichen Dinge geht wie in jedem anderen Lobbyistenverband auch: Mit dabei ist immer der Hintergedanke, wie man Kulturvermittlung mit wirtschaftlichen Interessen verbinden kann. Das schien meist schon durch – auch, wenn wir versuchten, es auszublenden.

Auf der Tour wurde für uns ein Ausflug organisiert, der uns ebenfalls in Erinnerung bleiben sollte: Wie in einem schlechten Spionagefilm ließen wir die Innenstadt von Nowosibirsk hinter uns und fuhren anderthalb Stunden durch verschneite Landschaften und Birkenwälder, bis wir in einem abgelegenen Stadtteil ankamen: dem riesigen Wissenschafts-Campus Akademgorodok, vielleicht 20 Kilometer außerhalb von Nowosibirsk. Der Name bedeutet »Akademisches Städtchen«, und tatsächlich gibt es hier mengenweise wissenschaftliche Institute und die größte Universität Sibiriens, aber auch Wohnhäuser – erst im letzten Jahrhundert, 1957, wurde dieses »Städtchen« mitten in den Wäldern gegründet.

Der Stadtteil, erfuhren wir später, war errichtet worden, um dort besonders intelligente Wissenschaftler:innen einander näherzubringen, damit diese wiederum noch intelligentere Kinder zeugen sollten. Wie intelligent die Kinder waren, ist schwer zu sagen. Aber sie kamen bei unserer Ankunft gleich auf uns zu und suchten das Gespräch.

»Hallo, ich bin Peter. Ich lerne seit einem Jahr Deutsch. Ist mein Deutsch gut genug für dich?«

Wir waren – nun ja – eher befremdet.

Das Aufeinandertreffen mit der ganz normalen Bevölkerung in Sibirien war uns um einiges lieber – und den Leuten anscheinend auch. Man muss sich vorstellen, dass wir zu diesem Zeitpunkt in Bayern vor 200 bis 600 Menschen spielten. Aber als wir zum ersten Mal nach Omsk hineinchauffiert wurden, fuhren wir auf einmal an unseren eigenen Gesichtern

Egal, ob man einen Club oder ein Hotelzimmer betrat oder in ein Taxi stieg: Überall hatte es exakt 28 Grad.

Zwischen zwei Konzerten hieß uns eine russische Familie bei sich zu Hause willkommen.

Wir kamen in den Genuss, mit der altehrwürdigen Transsib durch das Land zu reisen.

Nowosibirsk: Das Tollste am Reisen war schon immer die Begegnung mit den Einheimischen und das Zusammensitzen nach den Konzerten.

Zum Vergnügen mit dem Pferdeschlitten kamen wir durch die Einladung von offizieller Stelle. Das Pferd allerdings hatte an dem Tag richtig schlechte Laune.

Milchlaster haben bei uns im Chiemgau eine große Bedeutung, deshalb mussten wir natürlich dieses wunderschöne russische Exemplar festhalten.

Russische Frauen bewegen sich mit hochhackigen Stiefeln scheinbar mühelos auf den spiegelglatten Eisschichten, während wir ständig stürzten.

Auf dem Markt in Nowosibirsk gab es sehr freundlich-bestimmte Marktschreierinnen, mit denen wir uns gut verstanden!

vorbei – auf Plakaten, die man an Bauzäunen befestigt hatte. Ein paar Straßenkreuzungen weiter passierten wir eine endlose Schlange von Menschen vor dem Club, in dem wir an diesem Abend spielen sollten. Erst dachten wir noch, dass es sich um ein anderes Konzert handeln müsse. Aber der Fahrer erklärte uns, dass die Veranstalter als Promo für unseren Auftritt unseren Song »Marienkäfer« als Gratis-Download zur Verfügung gestellt hatten, und dass die Leute den schon längst auf der Musikseite www.balkan.ru entdeckt und rauf und runter gehört hatten und das Stück lieben würden. Das war wirklich unglaublich! Erst später erfuhren wir, dass Andi Auer, der uns damals das ganze Balkan-Ding vermittelt hatte, da auch seine Finger im Spiel hatte.

Den Rest unserer sibirischen Zeit verbrachten wir mit dem – meist erfolgreichen – Versuch, uns vor dem Wodka zu verstecken. Bier vertragen wir wirklich gut, auch mal in größeren Mengen, aber ein, allerhöchstens zwei kleine Gläschen Wodka – und wir liegen bis zum nächsten Morgen unterm Tisch. Schon vor der Reise nach Russland fürchteten wir daher weniger die Außentemperaturen im zweistelligen Minusbereich als vielmehr die russische Gastfreundschaft in Form von klarem Kartoffelschnaps.

Aber in den insgesamt 11 Tagen unserer Reise kam uns zum Glück an nur einem einzigen Abend der unvermeidliche Wodka unter – dafür stattdessen jede Menge vorzüglicher Gerstensaft und eine ganz besondere Gastfreundschaft.

Einen Abend besuchten wir ein älteres russisches Ehepaar, das für uns ihre Banja, die traditionelle sibirische Sauna, anwarf. An dem Abend entkamen wir auch dem Schnaps nicht. Denn zur Einstimmung auf den ersten Aufguss gab es bereits den ersten Wodka. Das Besondere an der Banja ist die Erzeugung einer sehr hohen Luftfeuchtigkeit, weshalb wir allesamt mächtig ins Schwitzen kamen.

Beim zweiten Aufguss schnappten wir uns schließlich allesamt wie empfohlen die Birkenzweige, die während des ersten Aufgusses noch für den Sud notwendig gewesen waren und schlugen uns damit gegenseitig auf die Rücken. Durch die Stimulation der erhitzten Haut sollen die Poren geöffnet und gleichzeitig auch gereinigt und die Durchblutung angeregt werden – aber auch abgesehen davon gefiel es uns, unseren Aggressionen mal so richtig freien Lauf zu lassen und uns gegenseitig mit den Birkenzweigen zu malträtieren.

Das Aufeinandertreffen mit der normalen Bevölkerung in Sibirien war uns um einiges lieber.

Essen auf Tour

An dieser Stelle ist es vielleicht Zeit für ein kleines Geständnis: Unser allererstes Catering war gar nicht für uns gedacht. Am Tag des Auftritts mit Attwenger in Rosenheim hatte außerdem nämlich auch der Yossi Geburtstag, und als wir in der Location an einer Vitrine mit frisch gebackenen Torten vorbeikamen, mussten wir ein Exemplar davon natürlich für unser Geburtstagskind abzweigen.

In den Jahren darauf stellten wir fest, dass eine Band nur so gut spielt, wie das Essen ist. Das heißt aber nicht, dass das Catering besonders ausgefallen oder opulent daherkommen muss. Je einfacher, desto besser – aber von guter Qualität muss es sein. Und die findet man möglicherweise auch mal beim Catering im Backstage, aber in erster Linie und ganz bestimmt in den Restaurants und Gaststätten der Stadt, in der man gerade zu Gast ist. Wir lieben es, dort die Speisekarten zu studieren und uns intensiv mit den regionalen Spezialitäten vertraut zu machen. Denn wenn wir ehrlich sind, ist es doch eine der spannendsten Sachen der Welt, fremde Dinge kennenzulernen – gerade im kulinarischen Bereich.

Außerdem haben wir mal gehört, dass nur ein hungriger Musiker ein guter Musiker ist.

Eine Sache ist dabei jedoch ziemlich wichtig: Der Zeitraum zwischen dem Essen und dem Auftritt sollte recht groß sein. Mit vollem Magen spielt es sich nämlich schlecht. Außerdem haben wir mal gehört, dass nur ein hungriger Musiker ein guter Musiker ist. Der muss sich, heißt es, das Geld für sein Essen erstmal verdienen – denn nur dann spielt er auch gut.

Außerdem läuft man so auch nicht Gefahr, während des Konzerts eine böse Überraschung zu erleben. Deshalb sind essenstechnische Experimente wie Kalamari-Salat, Muschelplatten oder Presssack für uns tabu – eine Devise, die uns schon so manch qualvolle Momente auf der Bühne erspart hat. Und falls jemand doch mal etwas ausprobieren will, muss das am Off-Day oder nach der Show passieren.

Flüssige Nahrung ist hingegen, egal wo und egal zu welcher Tages- und Nachtzeit, absolut legitim. Auf unserem Rider steht seit dem ersten Tag an oberster Stelle nämlich Gerstensaft aus der Region – wo auch immer wir gerade spielen.

#10

We go Simbabwe

Der Kontrast hätte nicht größer sein können: Auf Sibirien folgte Simbabwe. Wir waren vorher noch nie in Afrika gewesen und entsprechend gespannt – die Offenheit und Herzlichkeit der Menschen begeisterte uns vom ersten Moment an.

Kaum aus Sibirien zurückgekehrt, ging es nach Simbabwe. Im Grunde also von minus 40 Grad zu plus 40 Grad, von eiskaltem Permafrostboden zu sonnenverbrannter Erde. Gerade zwei Wochen konnten wir den milden bayerischen Frühling genießen, bevor wir ins feucht-heiße Afrika flogen.

Zustande gekommen war die Reise nach Afrika durch eine Einladung der deutschen Botschaft und der kulturellen Austauschorganisation Zimbabwe German Society. Weil uns die Einladung nicht über das Goethe-Institut, sondern das Auswärtige Amt erreichte, hatten wir im ersten Moment etwas Bedenken, ob wir wirklich so mit den Menschen und dem Land in Kontakt kommen würden, wie wir uns das erhofften. Als wir vom Flugzeug aus direkt in ein Taxi gesteckt und zur Unterkunft gefahren wurden, beschlichen uns erste Zweifel an unserem Vorhaben, möglichst viel von Land und Leuten zu sehen. Aber uns war klar, dass es diese Vorsichtsmaßnahmen zu torpedieren galt, wo immer wir konnten – auch, weil wir in Sibirien gerade erst eine unglaubliche Gastfreundschaft kennengelernt hatten. Mit genau dieser Offenheit traten wir dann auf die Straßen von Harare. In der Hauptstadt wurden wir mit überwältigender Warmherzigkeit und Gastfreundschaft empfangen – eine tolle Erfahrung.

Unseren Auftritt in Simbabwe absolvierten wir im Rahmen eines großen Musikfestivals – und das hatte so gar nichts mit ähnlichen Veranstaltungen zu tun, die wir aus Europa kannten. Es gab nicht nur Konzerte, sondern auch eine Modenschau und Ausstellungen, bei denen Künstler:innen ihre Kreationen aus altem Metall und sonstigem »Schrott« präsentierten. Besonders angetan waren wir von einem Künstler,

Die Kinder in der Malteser-Mission waren nach anfänglicher Scheu schnell dabei und hatten großen Spaß mit unseren Instrumenten.

Wenn Trompete oder Tuba in einem Land nicht so weit verbreitet sind wie bei uns, wird oft erst einmal skeptisch geschaut.

der sich eine eigene Musikmaschine gebastelt hatte: Ein Kasten aus Altmetall, dem man durch das Drehen diverser Räder und Knöpfe die unterschiedlichsten Klänge entlocken konnte.

Bei unserem Auftritt vertrauten wir dann aber doch auf unsere eigenen Instrumente – auch, wenn wir für die am Anfang erstmal belächelt wurden. Ein Phänomen, dass sich übrigens bis heute beobachten lässt: Wenn Trompete oder Tuba in einem Land nicht so weit verbreitet sind wie bei uns, wird oft erst einmal skeptisch geschaut. Aber wenn dann die ersten Töne erklingen, ist eigentlich meist sofort klar, wohin die Reise geht: Spaß an der Musik, am Rhythmus, an der Gemeinschaft – Lebensfreude. Wenn das bei den Menschen ankommt, ist eh alles klar, egal ob in Deutschland oder Simbabwe.

Während der Show in Simbabwe stiegen wir bei den meisten Nummern spontan in einen Reggae Groove um, da das irgendwie der Sound des Festivals war. Die Kombination aus Blechbläser-Sound

Zum Programm der Deutschen Botschaft gehörte unvermeidbar auch eine Safari im Nationalpark. Wir wurden lieber selbst zur Attraktion.

und Reggae-Rhythmus fegte sofort jede Skepsis hinweg, und die Leute fingen mit dem ersten Ton an, vor der Bühne zu tanzen.

> **Das Leuchten in den Kinderaugen und die Lebensfreude, die wir alle in dem Moment verspürten, kann man nur schwer beschreiben.**

Das Schöne war, dass wir nicht nur auf dem Festival spielen, sondern tatsächlich noch etwas vom Land sehen durften. Auf Einladung einer katholischen Missionsschwester besuchten wir auch ein nahegelegenes Waisenhaus. »Kein Körperkontakt!«, lautete die oberste Devise, die uns mitgegeben wurde, denn die Kinder waren die Waisen von HIV-positiven Eltern. Aber welche Gefahr sollte von den Kindern ausgehen? Als wir nach einem anfänglich zögerlichen »Hallo« von beiden Seiten auch dort anfingen zu spielen, stürmten die Kinder auf uns zu, griffen nach unseren Instrumenten und bliesen hinein. Das Leuchten in den Kinderaugen und die Lebensfreude, die wir alle in dem Moment verspürten, kann man nur schwer beschreiben. Das waren Momente, die wir nicht vergessen werden.

Auf dem Weg vom Flughafen in die City von Harare. Für uns alle war dies der erste Aufenthalt auf dem afrikanischen Kontinent.

#11

Dreimal Circus Krone

Langsam, aber sicher wurde unser Standing auch in München ein besseres. Das Fernsehen und die Zeitungen berichteten immer öfter. Zeit für eine ganz besondere Location.

Die große Frage, die wir uns mit der zunehmenden Bekanntheit stellten, war: Wo spielt eine Band wie die unsere am besten ein standesgemäßes Konzert in München? Die Wahl fiel schnell auf den Circus Krone. In der Süddeutschen Zeitung war bei der Konzertankündigung wenige Tage später zu lesen, dass LaBrassBanda zwar ein schönes Phänomen, die Geschichte nach drei Jahren aber nun auch langsam auserzählt sei. Eigentlich sollten wir nach einem solchen Text ja eher niedergeschlagen gewesen sein oder wütend oder enttäuscht – und andere Bands hätten nach derartigen Zeitungsartikeln vielleicht auch den Kopf in den Sand gesteckt. Aber um ehrlich zu sein, waren wir diese Töne von den Journalist:innen schon gewohnt. Vor allem in Bayern. Dort haben es junge Bands, die sich nicht in eine Schublade stecken lassen wollen, traditionell eher schwer. Nur logisch, dass wir uns da als Band, die von Anfang an in Lederhosen auftrat, sich aber nicht eindeutig zu Tradition, Tracht und Dialekt bekennen wollte, munter einreihen. Als wir die Ankündigung lasen, beschlossen wir kurzerhand, noch zwei weitere Konzerte an den darauffolgenden Tagen zu spielen – und dafür natürlich auch gleich eine Anzeige in der Zeitung zu schalten, die genau das über uns geschrieben hatte. Alle Konzerte waren innerhalb kürzester Zeit ausverkauft. 2013 spielten wir noch einmal dort.

Die Show selbst war für uns bis heute eines der schönsten Konzerterlebnisse überhaupt. Denn der Circus Krone ist schon eine ganz besondere Location. Sobald man das Zelt betritt, riecht man nicht nur die Tiere, die sonst durch die Manege traben, sondern atmet auch die Luft der vielen großen Bands – von

Eines zieht sich über die ganzen Jahre hinweg durch: Stefan lässt nicht locker, bis auch der letzte im Publikum auf den Beinen ist und alles gibt.

den Rolling Stones bis zu den Beatles – die hier in den Jahrzehnten zuvor schon legendäre Shows gespielt haben. Ein ganz besonderes Gemisch, das wir sofort in uns aufsogen und welches uns ungemein motivierte. Hinzu kommt, dass die Bühne im Circus Krone nicht viel mit denen gemeinsam hat, die man sonst aus Clubs oder Konzerthallen kennt. Weil sie mitten in der Manege aufgebaut ist, ermöglicht die Bühne der Band einen ganz anderen Blick auf das Publikum – und umgekehrt. Die Konstellation erinnert fast an eine Art Amphitheater aus dem alten Rom. Und es fühlt sich an, als würde man mitten in der Menschenmenge stehen, während man von allen Seiten gefeiert wird. Eine grandiose Erfahrung!

Alle Konzerte waren innerhalb kürzester Zeit ausverkauft.

Tatsächlich standen wir zum ersten Mal auf einer derart großen Bühne. Auch in den Jahren danach traten wir nie wieder in einer Location auf, die gleichzeitig so viele Menschen fasst und dabei durch ihren Aufbau doch derart intim ist und so viel Nähe zwischen Band und Publikum zulässt. Ein Gefühl, das sich gleich auf die Show selbst übertrug. Wir ließen uns beim Stagediven auf Händen durch die Manege tragen und begaben uns wie damals üblich auch mit den Instrumenten in die Menge, um einmal komplett durch den Zirkus zu ziehen und dabei auch auf den Rängen weiterzuspielen. Eine Showeinlage, die uns

Es war schon irre, den Circus Krone dreimal am Stück zu spielen. Es ist schwer, in München einen Ort zu finden, der besser zu uns gepasst hätte.

Und es fühlt sich an, als würde man mitten in der Menschenmenge stehen, während man von allen Seiten gefeiert wird.

super viel Spaß macht und erst dadurch möglich wird, dass unsere Instrumente auch rein akustisch einen ziemlichen Lärm machen. Wenn wir ins Publikum gehen, lässt sich immer ein interessanter Effekt beobachten: Es gibt keinerlei Berührungsängste. Stattdessen suchen die Menschen sofort den Kontakt – zu unseren Instrumenten, aber vor allem auch zu uns. Alle wollen dahin, wo gerade die Party ist, weshalb sich auch im Circus Krone eine ellenlange Polonaise hinter uns bildete. Also zogen wir wie die Rattenfänger von Hameln durch das Zelt, während uns gefühlt das gesamte Publikum in einer langen Schlange folgte.

Getoppt werden konnte das nur noch durch ein ganz besonderes Highlight: einen Heiratsantrag auf der Bühne. Mitten in der Show kam plötzlich ein junger Typ zu uns hoch und teilte uns mit, dass er unbedingt ans Mikrofon müsse. Wir wollten ihn dann auf später vertrösten, aber er ließ sich nicht von seinem Vorhaben abbringen – und stellte seiner Freundin vor zweitausend Menschen die Frage aller Fragen!

Wir suchen immer den intensiven Kontakt zum Publikum, und im Circus Krone, mit der Bühne in der Arena, klappt das einfach besonders gut.

Jammen mit der Express Brass Band aus München, stilprägende Jahre in Bayern.

AUTOBAHN

Davorn kimmt scho da
Gardasee

da duads a blos
no hoib so weh

aus dem Album »Übersee«, 2009

HIGHWAY

Over there,
    Lake Garda's in view

Makes it hurt less

#12

Live in der BBC!

Drei Jahre nach unserem ersten Ausflug nach England folgte 2010 der absolute Ritterschlag für uns als Band: die Einladung zu einer Live-Session der BBC.

Auslöser für die Einladung zur BBC war ein Interview mit der renommierten Musikjournalistin Lopa Kothari, die uns vor unserer Show im legendären »Hope and Anchor«-Pub backstage besucht – und damals mitgefiebert hatte, als wir unseren millionsten Klick bei MySpace bekamen. In Kombination mit unserer Show war sie so begeistert von LaBrassBanda, dass sie sich bei ihrem Arbeitgeber für einen Live-Gig starkmachte. Nach der Session ging es noch für ein ausführliches Gespräch vors Mikrofon und es war einfach schön zu merken, wie groß das Interesse Lopas an uns als Band, aber auch als Menschen war. Nach und nach stellten wir fest: Dieses Bild von uns als explizit bayerische Band hatten nur wir selbst. Für Lopa war egal, ob wir nun aus Bayern oder Jamaica oder Ghana kamen, für sie war in erster Linie die Musik und die Show interessant und weniger, in welcher Sprache wir sangen. Es war alles gleich weit weg und gleich interessant.

Während unseres Besuchs hatten wir uns in ein Loft eingemietet, in einem Stadtteil, der zwar als günstig galt, was die Unterbringung anging, aber nicht unbedingt als sicher. Das bekamen wir am eigenen

Im Radio wurden wir damals schon gespielt – nicht in Bayern wohlgemerkt! Die Einladung zur BBC nach London machte uns dann aber richtig stolz.

Es war neu für uns, dass es wirklich nur darum ging, wie gut man spielte.

Leib zu spüren, als es mitten in der Nacht ordentlich schepperte und wir am nächsten Morgen feststellen mussten, dass jemand die Scheiben unseres Busses eingeschlagen hatte. Es fehlte zum Glück nur das Navi, die Instrumente waren noch da, weshalb wir den Besuch in England natürlich nutzten, um noch ein paar Shows zu spielen.

Das funktioniert nämlich ein bisschen einfacher als hierzulande: In London ist es gängige Praxis, dass an einem Abend mehrere Bands auftreten und sich die Abendkasse nach Strichliste aufteilen. Pro Club hatten also vier Bands jeweils 30 Minuten Zeit, ihr Können unter Beweis zu stellen. Danach wurde rigoros der Strom abgestellt und jeder Zuhörer markierte durch einen Strich auf einer aushängenden Liste, welche Band ihm am besten gefallen hatte. Am ersten Tag zählten wir keinen

Es fühlte sich so an, als könnten wir einfach alles erreichen, als wir so durch die Straßen von London streiften. Die Stadt gab uns das Gefühl, angekommen zu sein.

einzigen Strich, am zweiten schon ein paar mehr und am Ende sahnten wir schließlich richtig ab. Es war neu für uns, dass es wirklich nur darum ging, wie gut man spielte, und dass nur darüber der Erfolg (und die Gage!) definiert wurden. Für einige Verbindungen, die wir in den Tagen in London knüpften, galt das gleiche: Es kam nur auf die Musik an, alles andere war nebensächlich. Zum Beispiel lernten wir Animal Noise kennen. Tagsüber arbeiteten die Bandmitglieder alle als Fliesenleger, nachts und an den Wochenenden verwandelten sie sich in die geilste Live-Band, die man sich vorstellen konnte. So wurden die Jungs zu ständigen Wegbegleitern von uns, mit denen wir nicht nur schon gemeinsam durch Bayern tourten, sondern auch auf dem einen oder anderen Festival spielten.

In London ist es gängige Praxis, dass an einem Abend mehrere Bands pro Club auftreten und sich die Abendkasse nach Strichliste aufteilen.

Let's have a beer/bear fight! In Liverpool gibt eine Theaterkompanie in einem dreckigen Club für uns wahlweise eine Wirtshausschlägerei oder den Kampf mit einem Bären zum Besten.

In Liverpool führt natürlich kein Weg an den Beatles vorbei. Das Museum war zwar leider geschlossen, aber der Pub daneben hatte Platz für uns.

Unser Booker und Tourmanager Fabian Rauecker fühlte sich in England wie ein Fisch im Wasser. Neben ihm sitzt Nicole, die mit Stefan kurze Zeit später die Zeitschrift MUH gründete.

Im Gegensatz zu einer Kneipentour bei uns gab es beim Pub crawl jede Menge Live-Musik, zumeist auf hohem Niveau.

DIY – (fast) alles selbstgemacht

Irgendwie hatten wir schon immer Spaß am Selbermachen. Wobei es vielleicht auch nicht der Spaß, sondern vielmehr die Not war, aus der heraus wir dazu gezwungen waren, die Dinge selbst in die Hand zu nehmen. Denn wenn wir es nicht machen, macht es schließlich niemand. Das fing bei unserer ersten Tour an, als wir unser Logo aus Marmeladenetiketten auf unseren VW klebten und ging bei unserem ersten Merchandise weiter.

Wir besorgten uns Rundhölzer, schnitten sie in Scheiben, brannten unser Logo hinein und machten daraus Buttons, die wir auf unseren Konzerten verkauften. Auch in den Jahren darauf klemmten wir uns immer selbst dahinter, wenn es um das Anfertigen ausgefallener Merch-Artikel ging und produzierten zum Beispiel Trachtenjanker in Eigenregie. Das Selbermachen überträgt sich übrigens auch auf die Fans – vor allem die Frauen kann man auf unseren Konzerten immer wieder mit in Eigenregie hergestellten Dirndln sehen.

Auch was unsere Bühnendekoration angeht, setzten wir eigentlich immer auf Eigenleistung. Für unsere Bierzelt-Tour machten wir uns auf die Suche nach

Auch was unsere Bühnendekoration angeht, setzten wir eigentlich immer auf Eigenleistung.

einem ausgefallenen, aber zu Bierzelten passenden Bühnenbild – und kamen irgendwann auf die Idee mit der Schützenscheibe: eine riesige Holzscheibe mit einem Durchmesser von drei Metern, auf welche während des Konzerts von den Bühnentechnikern immer wieder neue, selbstgestaltete Holzscheiben gehängt wurden. Sah richtig gut aus.

Unser geliebtes Tourmobil, das wunderbare knallrote Feuerwehrauto, diente uns auch zwei Jahre lang als Bühnendeko. Schlussendlich landete es – von uns höchstpersönlich in seine Einzelteile geflext – als Goodie in einer LaBrassBanda-Sammlerbox.

Natürlich hatten wir schon immer im Hinterkopf, dass man, wie die anderen Bands das so machen, einfach etwas in Auftrag geben und herstellen lassen könnte – aber dann war da a) kein Geld und b) eben auch der Gedanke, dass es dann nicht so wird, wie wir es eben gerne hätten. Und weil das bei der Musik ja schon immer so gut geklappt hat, haben wir das einfach selbst gemacht. Der große Bonus: Man kann miteinander abhängen, sich auch abseits der Musik kreativ austoben und hat meistens einen Riesen-Spaß dabei. Und – egal wie gut oder schlecht es dann wird: Das Positive ist, man hat es einfach probiert.

Über New York nach L.A.

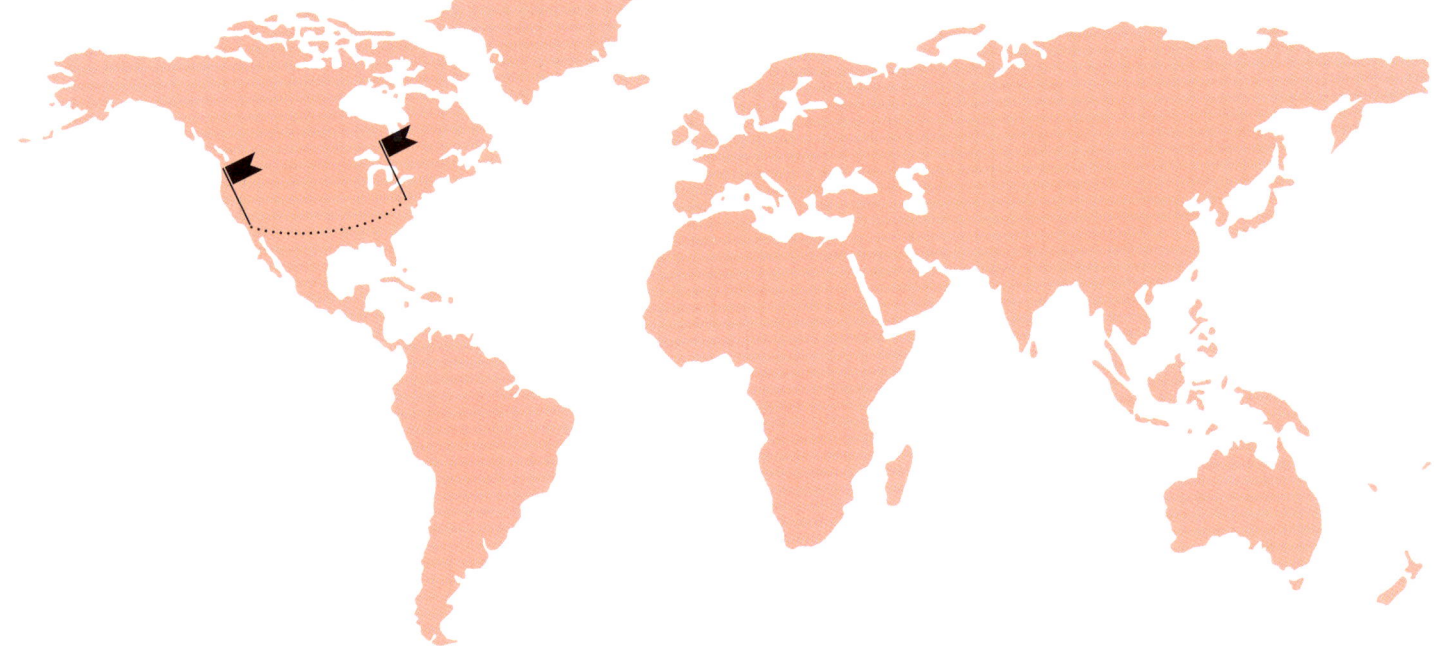

**Unsere erste Amerika-Tour!
Allein die Einreise war schon ein Abenteuer – wir besaßen keine
Green Card und hätten deshalb eigentlich nicht spielen dürfen.
Und doch spielten wir an der Ost- und an der Westküste.**

2011 erreichte uns erneut die Anfrage einer deutschen Auslandsvertretung – dieses Mal wurden wir eingeladen, auf dem Sommerfest der deutschen Botschaft in den USA zu spielen.

Man würde uns einfach nach Washington und wieder zurück nach Deutschland fliegen. Verlockend – aber nur für einen einzigen Auftritt in die USA zu fliegen machte nicht nur aus ökologischen Gründen wenig Sinn. Also baten wir darum, weitere Konzerte in New York und Los Angeles spielen zu dürfen. Für diese Chance würden wir auch auf die Gage verzichten.

Leider verpasste unsere damalige Booking-Agentur die Gelegenheit, uns für die Reise Green Cards zu besorgen, weshalb wir mit einem stinknormalen Touristenvisum einreisen mussten. Das Problem: Mit dem kann man in den USA nur Urlaub machen und keinem Job nachgehen. Auch nicht als Berufsmusiker. Aber wenn man dann mit einer unschwer erkenn-

Der Times Square stand natürlich ganz oben auf unserer Liste und es lässt wohl keinen unberührt, das erste Mal tatsächlich dort zu sein.

Auf die Frage, was wir mit den Instrumenten denn nun vorhätten, waren wir natürlich nicht vorbereitet.

baren Tuba unterm Arm aus dem Flieger steigt und die Sicherheitskontrolle passieren will, werden die Beamten vor Ort natürlich misstrauisch.

Auf die Frage, was wir mit den Instrumenten denn nun vorhätten, waren wir natürlich nicht vorbereitet. »Ich bin Musiklehrer«, war zwischen dem ganzen Gestammel noch die geistreichste Antwort – wobei man auch als solcher natürlich Geld verdient hätte. Aber nach einem Anruf beim zuständigen Botschafter konnten wir auch dieses Problem aus der Welt räumen und wurden aus dem Verhörraum entlassen.

Vor unserem Hotel in L.A. gab es einen kitschigen Brunnen und wir nutzten die Gelegenheit und stellten unser legendäres »Wasserfall«-Bandfoto nach.

Ein Konzert für die deutschen, in den USA ansässigen Diplomaten samt ihren Familien im Garten der Botschaft klingt im ersten Moment nach einer ziemlich steifen Angelegenheit – aber genau das Gegenteil war der Fall.
Nach dem gelungenen und gemütlichen Konzert im Regierungsviertel von Washington stand ein Auftritt im »Shrine«, einem Jazzclub im New Yorker Stadtteil Harlem, an. Und weil vor uns nur geile Bands spielten, langten wir nach unserem Auftritt vor lauter Euphorie in Sachen Bier derart zu, dass am Ende die Gage nicht mal für die Rechnung unseres Gerstensaftkonsums reichte. Im Gegenteil: Wir mussten schließlich sogar noch draufzahlen.

Unser nächstes Ziel war Los Angeles.

Unser nächstes Ziel war Los Angeles. Genauer: der legendäre Rockschuppen »Whisky a Go Go« auf dem Sunset Strip in West Hollywood, der uns allen seit Jahren ein Begriff war. Schließlich hatten hier zu vorgerückter Stunde die Karrieren von Guns N' Roses, The Doors, Metallica und Mötley Crüe begonnen. Vor dem Auftritt genossen wir es noch, den berühmten, kilometerlangen Venice Beach entlangzuschlendern – barfuß im weißen Sand – und kamen dabei auch an

Den eigenen Namen auf der Tafel des »Whiskey a Go Go« zu lesen war ein unfassbares Gefühl. Hier hatten unzählige Musikerkarrieren ihren Lauf genommen.

»Das ist nur Justin Timberlake, der sich mal wieder aufregt.«

einem Laden vorbei, der medizinisches Marihuana verkaufte. Zurück im Hotel wollte Yossi seinen Einkauf natürlich etwas genauer begutachten – und zog dabei zum Erstaunen aller nicht nur das gerade frisch erworbene Kraut, sondern auch noch ein Tütchen aus seiner Jacke, das offenbar bereits aus München mit in die USA geflogen war. Nochmal Glück gehabt! Anschließend ging es endlich ins »Whisky a Go Go« – und der Club machte seinem Namen alle Ehre. Denn während vor uns die Bands Death Bed Confession, N.O.N., Shadow Remain und The Soft Parade spielten, bewegten sich links und rechts der Bühne in den Käfigen bereits die Go-go-Girls zu den rockigen Klängen. Aber als kurz darauf wir die Bühne betraten, hatten die Damen plötzlich keine Ahnung mehr, wie sie sich bewegen sollten! Als wir das mitbekamen, unterbrachen wir sofort unser Konzert und baten erstmal um Applaus für die Mädels, die den ganzen Abend einen Wahnsinnsjob gemacht hatten – und animierten sie anschließend, einfach so zu tanzen, wie sie wollten.

Nach dem Auftritt sprach uns eine Österreicherin an, die gerade einen Housekeeping-Job in L. A. hatte: Ob wir nicht Lust auf eine kleine Aftershow-Party in den Hollywood Hills hätten. Da waren wir natürlich sofort dabei, fuhren mit ihr bis ganz nach oben und fanden uns kurz darauf in einer unfassbar mondänen Villa wieder. Unsere Gastgeberin und wir feierten – und das nicht zu knapp. Bis auf einmal jemand vom Nachbargrundstück herüberschrie und sich beschwerte. »Ah«, meinte sie genervt, »das ist nur Justin Timberlake, der sich wieder mal aufregt«. Muss man auch erstmal schaffen.

SCHEENA DOG

Zruck nach Minga,
war des schee
habn scho wieder
Fernweh
Heut is a scheena Dog,

weil i oisam a so
gern mog
schau ma de Welt heut o,
was i ois vo ihr lerna ko

aus dem Album »Around the World«, 2017

BEAUTIFUL DAY

Back to Munich
 after fun galore
We have Wanderlust
 once more
It's such a beautiful
 day today
I carry you in my heart
 all the way
Looking at the world
 around me, Learning
 from everything I see

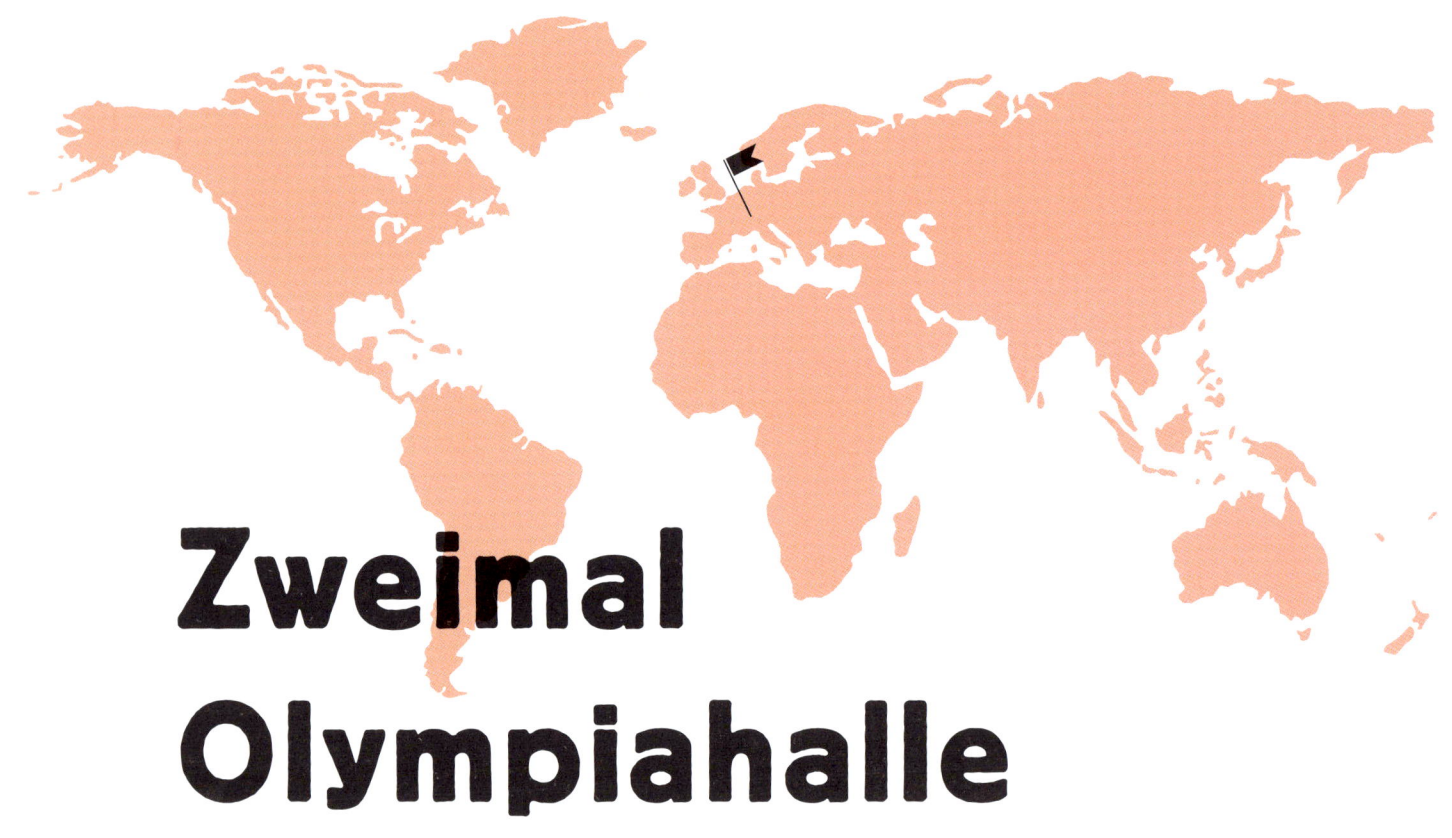

Zweimal Olympiahalle

2011 und 2017 – Olympiahalle! Wir konnten es zuerst kaum fassen, als die Anfrage an uns herangetragen wurde. Es wurde ein voller Erfolg – und nach der World-Tour gleich nochmal.

Die Olympiahalle 2011 war eine kühne Idee der Konzertveranstalter Till Hofmann und Fabian Rauecker: »Wir machen das einfach!«, sagten sie mit glänzenden Augen.

Die beiden waren fest entschlossen, dieses ultimative Erlebnis mit uns als Band möglich zu machen und taten alles dafür. Als Schmankerl hatten wir uns etwas ganz Besonderes überlegt. Gerade eben, also auch 2011, hatte nämlich Maximi, ein DJ aus Traunstein, unseren Song »Marienkäfer« mit dem Acapella von »Whoo Haa« des US-Rappers Busta Rhymes gemixt. Wir fanden das Ergebnis so geil, dass wir uns bei Busta Rhymes eine Freigabe für das Mash-Up einholten und den Song in kleiner Auflage auf 12-Inch-Maxi-Single vertrieben. Und weil das so gut geklappt hatte, hielten wir es für eine gute Idee, Mr. Rhymes, wie wir ihn in der E-Mail-Konversation nannten, auch gleich für unser erstes Konzert in der Olympiahalle anzufragen, um den Song dort gemeinsam mit ihm zu performen. Zu unser aller Erstaunen sagte Mr. Rhymes nicht nur zu, sondern wollte sogar verhältnismäßig wenig Geld haben. Eine Bedingung gab es dann aber doch: First-Class-Flugtickets und eine Woche »Baye-

Wir genossen es schon immer, als Band ins Publikum zu gehen. In der Olympiahalle dauerte der Ausflug über die Ränge mehr als 30 Minuten.

Auf dem Weg zum Soundcheck in die noch unbesetzte Olympiahalle. Da wird einem erst bewusst, was es heißt, so eine Halle vollzukriegen.

rischer Hof« für ihn und 15 seiner Homies. Das sprengte dann doch unser Budget, wir mussten bedauernd auf Mr. Rhymes verzichten.

Das Konzert war trotzdem ein voller Erfolg – genau wie unsere zweite Show in der Olympiahalle sechs Jahre später, 2017. Da kamen wir gerade völlig beschädigt von der »Around the World«–Reise zurück. Vom Flieger ging es direkt zu den Proben

Das Konzert war trotzdem ein voller Erfolg – genau wie unsere zweite Show in der Olympiahalle sechs Jahre später, 2017.

Der Gegensatz von unserem sehr überschaubaren Instrumentarium zu der ganzen Technik, die nötig ist, um so eine Halle zu bespielen, ist riesig.

Unser Monitor-Mischer Bene kümmert sich um den Sound auf der Bühne. Am FOH-Mischpult arbeitet fast vom ersten Konzert an Steph Wimmer.

für das Konzert, bei dem wir in drei Stunden nicht weniger als unsere gesamte Diskografie spielen wollten.

Aber das war noch nicht alles: Wir wollten auch den Beweis liefern, dass man als Band ohne Support oder eine Pyroshow und nur mit jeder Menge Musik ein geiles Konzert stemmen kann. Ohne Licht ging es nicht, weshalb wir von den beiden Brüdern Martin und Thomas Poschauko, die zuvor auch schon das Artwork für die Alben »Europa« und »Around the World« gestaltet hatten, eine wahnsinnige Lichtshow bekamen.

Auch, wenn wir durch die »Around the World«-Tour gut eingespielt waren, war das ein ziemlich großes und erschöpfendes Vorhaben, das sich nach geistigem und körperlichem Hochleistungssport anfühlte. Hinterher waren wir richtig fertig und mussten uns erstmal erholen.

Zweimal Olympiahalle: Das erste Mal 2011 war ein Riesen-Aufreger. Beim zweiten Mal, nach der World-Tour, waren wir nur noch fertig.

Ein paar Jahre zuvor hatten wir mit Stofferl Well bei Kiah Royal seinen 40-Cent-Song aufgenommen. Tolle Performance!

Diese Handbewegung heißt: Solo – und zwar jetzt gleich! Stefans Gespür für den Moment macht einen großen Teil unserer Bühnenperformance aus.

Das Artwork der Poschauko-Zwillinge nahm auf unsere Livemusik Bezug und setzte perfekte Akzente beim Konzert.

#15

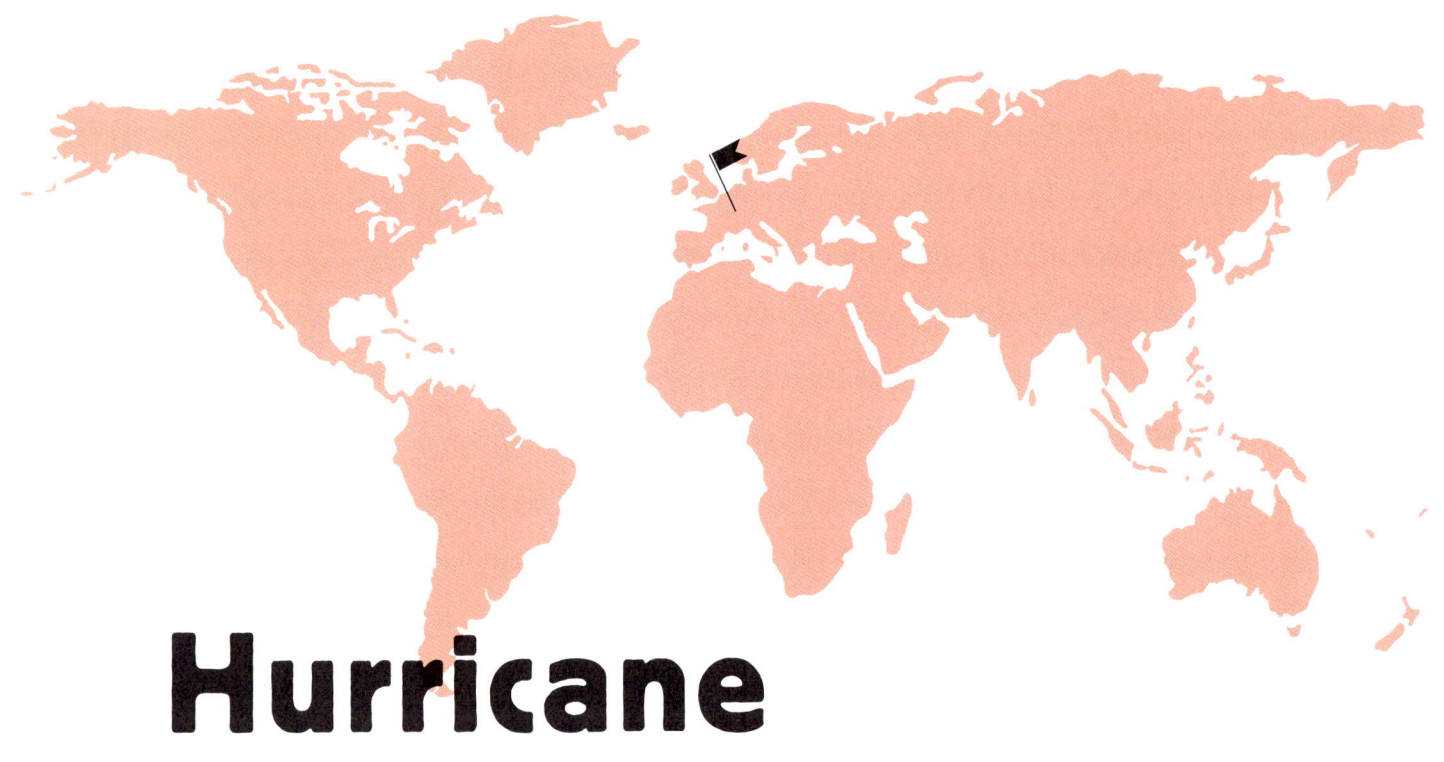

Hurricane

Festivals sind ja an sich schon super – man trifft Menschen aus aller Welt, und diese wiederum haben die Auswahl zwischen ganz verschiedenen Bands. So war das Hurricane 2012 eine tolle Erfahrung für uns.

Nicht erst seit unserem Erlebnis auf dem Roskilde in Dänemark sind wir große Fans von Festivals und der Idee dahinter:

Menschen reisen nicht nur wegen einer einzigen Band aus den hinterletzten Ecken des Landes an, sondern können sich ein ganzes Wochenende lang aus einer bunten Musikauswahl bedienen und dabei vor allem auch neue Künstler:innnen kennenlernen – ein Umstand, der uns auf dem Hurricane 2012 nochmal ganz besonders bewusst wurde.

Das Festival zwischen Bremen und Hamburg zählt mit gut 70.000 Besucher:innen nicht nur zu den größten Musikfestivals in Deutschland, sondern ist dazu auch noch das Schwesterfestival des Southside im Süden der Republik – und nochmal eine ganze Spur härter, mit viel elektronischer Musik.

Genau deshalb machten wir uns auch keine großen Hoffnungen auf ein gut besuchtes Konzert, als es hieß, dass parallel zu unserem Auftritt das Halbfinalspiel Deutschland gegen Griechenland der gerade laufenden Fußballeuropameisterschaft stattfinden würde – ein etwas zu voreiliger Schluss. Denn warum um alles in der Welt sollten auf einem Musikfestival auch mehr Fußball- als Musikfans anwesend sein? Pünktlich um 20 Uhr standen wir vor einer riesigen Menge von Festivalbesuchern, die aus Neugierde gekommen waren und für die Gaudi blieben. In genau solchen Momenten ist es durchaus von Vorteil, dass wir vor einem Auftritt gar nicht so genau wissen, welche Songs wir im Anschluss eigentlich spielen werden. Die ersten Stücke stehen, danach gucken wir einfach mal was passiert und improvisieren. Der Vorteil: Während viele andere Bands durch ihre Instrumente ziemlich nah an ihrem Repertoire bleiben müssen und

Festivals waren für uns von Anbeginn entscheidend, um uns auch bei Leuten bekannt zu machen, die noch nichts von uns gehört hatten.

> **Die ersten Stücke stehen, danach gucken wir einfach mal was passiert und improvisieren.**

versuchen, das, was sie im Studio aufgenommen haben, live eins zu eins wiederzugeben, sind wir nicht so sehr auf die Bühne fixiert und an die Mikrofone gebunden, sondern flexibel und können aktiv auf die Leute eingehen.

Besonders spannend ist auch immer zu erleben, wie unterschiedlich die Menschen auf unsere Show reagieren. Manche sind vielleicht extra wegen uns auf dem Festival und wissen schon, was sie erwartet, andere haben noch nie etwas von uns gehört, aber flippen gleich beim zweiten Song aus, während wieder andere sich das Ganze noch ein bisschen skeptisch aus der Ferne anschauen und etwas länger brauchen, bis der Funke überspringt. Es ist immer ein riesiger Spaß zu beobachten, was da manchmal für verrückte Typen aus den letzten Löchern gekrochen kommen, um dann mit uns richtig durchzudrehen. Und wenn wir durchdrehen sagen, dann meinen wir auch genau das. Manche tanzen und singen, andere pogen, wieder andere schmeißen sich in abgefahrene Kostüme oder ziehen sich aus, andere halten Schilder mit zweideutigen Botschaften hoch – ein riesiges Volksfest, bei dem jeder und jede sich auf eigene Art so gut einzubringen versucht, wie es geht.

Wenn du merkst, dass der Platz vor dir während des Konzerts immer voller wird, dann hast du etwas richtig gemacht.

Die Wucht, die jeder einzelne Ton auf einer Festival-Anlage entwickelt, ist nach wie vor etwas ganz Besonderes.

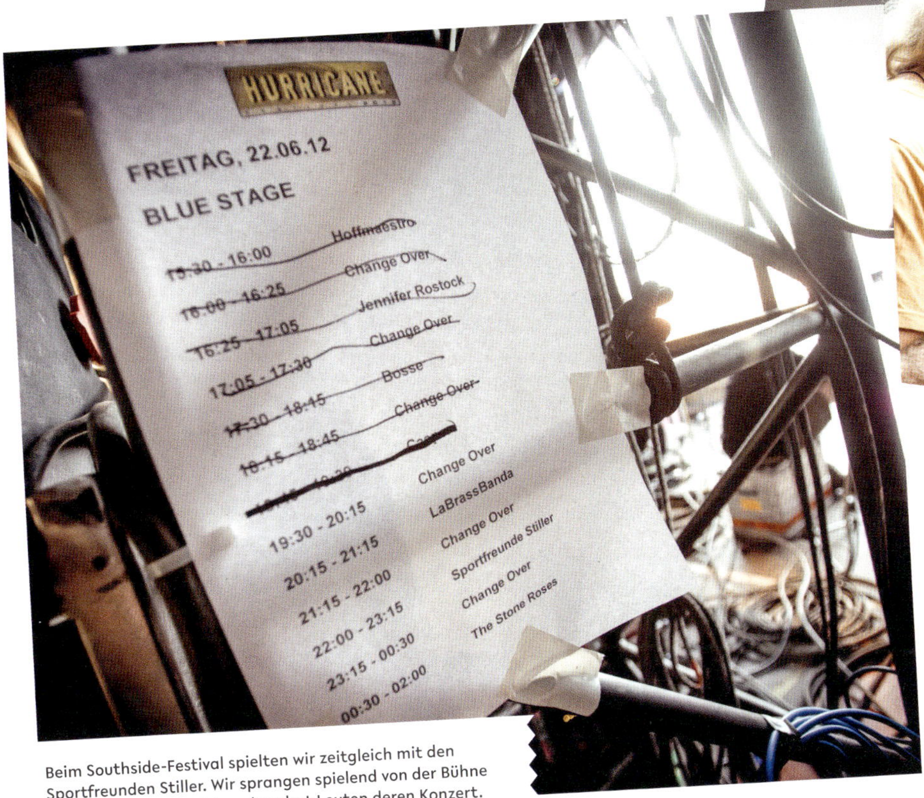

Beim Southside-Festival spielten wir zeitgleich mit den Sportfreunden Stiller. Wir sprangen spielend von der Bühne und besuchten mit einigen hundert Leuten deren Konzert.

Ein Song, der bei den Festivals immer für viel Action im Publikum sorgte, war der Tuba-Techno am Ende von »Tubissimo«.

Live wechseln sich die Bläser gern mit der Rhythmusgruppe ab, um Energie zu tanken – oder um mal richtig zu headbangen.

#16

Chiemsee Reggae Summer 2009/12/16

Schon als Jugendliche faszinierte uns der Chiemsee Reggae Summer bei uns nebenan. Damals hätten wir es uns nicht träumen lassen, dass wir selbst einmal dort auftreten würden.

In Übersee gab es von 1995 an den Chiemsee Reggae Summer – ein Festival, das schon in unserer Jugend eine ungemeine Faszination auf uns ausübte.

Einmal im Jahr kamen Weltstars zu uns nach Oberbayern, und der Bass dröhnte nachts durch die ganze Ortschaft. Oft fuhren wir im Sommer mit den Fahrrädern zum Festivalgelände und kletterten am Zaun hoch, um einen schnellen Blick auf die Bühne zu erhaschen. Vielleicht ist das auch einer der Gründe dafür, dass Reggae und Dub für uns als Band eine so große Rolle spielen. Im Grunde gibt es auf jedem unserer Alben und in jedem Live-Set mindestens einen Song, der vom jamaikanischen Sound abgeleitet ist. Das hängt sicher auch damit zusammen, dass Reggae – oder auch Ska in der schnellen Version – ja auf dem Offbeat-Konzept basiert. Das heißt, dass genau die Schläge betont werden, die man in der Popmusik sonst nicht betont. Das Tolle ist, dass es total Spaß macht, unsere Bläser nicht nur als Melodie-Instrument einzubringen, sondern sie auch für den Rhythmus zu verwenden. Das hat gleich einen ganz anderen Klang.

Natürlich war es das Größte für uns, auf dem Festival vor unserer Haustüre auf der Hauptbühne zu stehen. So nervös waren wir selten!

Vielleicht ist das auch einer der Gründe dafür, dass Reggae und Dub für uns als Band eine so große Rolle spielen.

Mit LaBrassBanda durften wir 2009 zum ersten Mal beim Chiemsee Reggae Summer spielen. 2012 und 2016 sogar als Headliner. Schon beim ersten Mal 2009 war das Zelt so voll und heiß, dass schließlich Zeltwände an der Seite geöffnet wurden. Der Schweiß tropfte von der Decke und die Luftfeuchtigkeit war so hoch, dass wir alle kurz vorm Exitus standen – aber aufhören konnten wir trotzdem nicht. Ein absolutes Highlight.

Je älter wir wurden, umso besser verstanden wir auch, was die Reggae-Künstler:innen auf der Bühne eigentlich sangen – oft handelte es sich nämlich um extrem homophobe Songs, in denen der »Battyman«, eine abwertende und diskriminierende Bezeichnung für Homosexuelle, verbrannt oder auf andere Art getötet werden sollte.

> **Der Schweiß tropfte von der Decke und die Luftfeuchtigkeit war so hoch, dass wir alle kurz vorm Exitus standen …**

Für uns ging das gar nicht. Und als wir 2012 auf der Hauptbühne des Chiemsee Reggae spielten, gingen wir auf die Bühne und erklärten dem völlig verdutzten Publikum, dass wir ab jetzt nicht mehr LaBrassBanda, sondern Oli Popoli & The Holy Moly Fistfucking Band, die erste schwule Reggae-Band, seien. Dann legten wir mit unserem extra für diesen Anlass entstandenen Song »We Like the Battyman« los.

Das ganze Festival sang mit – bis auf ein paar Hardliner und die von uns aufs Korn genommenen Künstler:innen. Wir sind bis heute nicht die offensiv politische Band, aber das war uns wichtig. Nur, ob wir in diesem Leben nochmal in Jamaika spielen dürfen, das muss sich noch zeigen.

Unser Schlagzeuger Yossi präsentierte hier im Publikum seine eigenen Interpretationen unserer Songs als Dub-Versionen auf einem mobilen Soundsystem.

Sziget 2012/15/18

Das Sziget-Festival im ungarischen Budapest fühlt sich für uns seit jeher wie eine zweite Heimat an. Und zwar schon, bevor es uns als Band überhaupt gab. Einige Mitglieder der Band hatten das Festival seit langem auf dem Zettel.

Sziget ist ungarisch für Insel. Denn das Festival findet seit 1993 auf einer Donauinsel in Ungarns Hauptstadt statt. Wobei der Begriff Festival für das, was dort in einer guten Woche passiert, eigentlich eine völlige Untertreibung ist: Mehr als 60 Bühnen, über 1000 Veranstaltungen und knapp 400.000 Besucher – wer derart auffährt, wird nicht ohne Grund mehrfach als bestes europäisches Festival ausgezeichnet.

Als wir schließlich 2012 zum ersten Mal dort auftraten, war auch dem Rest der Band sofort klar, worin das Besondere liegt: Das Sziget ist so bunt, so schön und ganz anders als alle Festivals, die wir aus Deutschland kennen. Das hiesige Festivalklischee vom trostlosen Bauzaunkäfig bis zu den diversen in Schlammlandschaften verwandelten Zeltplätzen sucht man jedenfalls vergeblich. Stattdessen gibt es an jeder Ecke etwas zu entdecken, das einem im ge-

Tagsüber streiften wir stundenlang über das Festivalgelände. Auf dem Sziget gab es kaum Security – eine sehr friedliche Atmosphäre!

Das Sziget ist so bunt, so schön und ganz anders als alle Festivals, die wir aus Deutschland kennen.

wöhnlichen Alltag so vermutlich nie unterkommen würde. Das fängt bei den Essensständen an und zieht sich vom Publikum bis zu den Bühnen durch. Alles fühlt sich wie eine komplette Parallelwelt an, in der sich alles nur um Musik und Tanz und Kunst dreht. Es gibt nicht nur Bühnen für Techno- oder Electronica-Fans, sondern auch welche für klassische Musik oder Tanz.

Gerade bei der Tanzbühne haben wir uns immer besonders gerne aufgehalten. Oben stand ein Tanzlehrer und machte Schritte vor, die das Publikum dann einfach nachtanzte. Nach zwei oder drei Bier gesellten wir uns dazu und machten einfach mit. Im normalen Leben würde es eher keinem von uns einfallen,

119

Das Festivalgelände beherbergte nicht nur die vielen verschiedenen Bühnen, sondern war auch gespickt mit kleinen Kunstwerken.

Die wichtigsten Leute bei einer Tour sieht man nicht immer auf der Bühne! Wir lieben unsere Crew und arbeiten schon lange mit den gleichen Leuten zusammen.

Hier wurde der Backdrop, das Bühnenbild, ausgerollt, um auch den Leuten, die spontan an unserer Bühne vorbeikamen zu zeigen, wer hier spielt.

Und es fühlt sich an, als würde man mitten in der Menschenmenge stehen, während man von allen Seiten gefeiert wird.

sich für einen Tanzkurs anzumelden. Aber beim Sziget fühlte es sich an wie die normalste und notwendigste Sache der Welt – und nebenbei härtet es einen noch ab. Denn wenn man mitten am hellichten Tag mit ein paar hundert Leuten vor einer Bühne steht und einfach vor sich hintanzt, kann einem nichts mehr passieren. Das mit dem Coolsein ist ja sowieso so eine Sache: In seinen Teenagerjahren oder vielleicht auch noch seinen Zwanzigern verbringt man jede Menge Zeit mit dem Versuch, möglichst cool zu sein – so lange, bis man versteht, dass genau dieser Zustand sich erst dann einstellt, wenn man sich genau darum eigentlich gar nicht mehr kümmern muss.

Das ist das Schöne am Sziget: Jedes Mal, wenn wir dort spielen, haben wir das Gefühl, ständig neue Bands zu entdecken, von denen man unbedingt allen erzählen muss. Das Sziget-Festival ist wirklich das vielfältigste und diverseste Festival, das wir kennen. Nur hier vernimmt man in dem einen Moment von einer kleinen Bühne mongolischen Obertongesang und im nächsten steht Prince vor 70.000 Leuten auf der Hauptbühne – und wir immerhin vor 50.000 auf der zweitgrößten Bühne des Festivals. Herrlich!

NACKERT

Fahr mim Bulldog
in de Wiesn

leg mi nackert
an mein See

NAKED

Riding through
the meadow with
my wagon,

lay down naked
by the lake

»Nackert« – Eurovision 2013

Als musikinteressierter Mensch kommt man in Deutschland nicht um den ESC herum. Schon als Kinder und Jugendliche schauten wir die jährliche Übertragung und freuten uns über die Musiker:innen aus ganz Europa, die an diesem denkwürdigen Abend zusammenkamen. Aber im Leben hätten wir nicht daran gedacht, dort selbst einmal stattzufinden.

»Jungs, habt ihr Lust beim Vorentscheid für den Eurovision Song Contest anzutreten?«, fragte uns eines Tages Thomas Schreiber, seines Zeichens Unterhaltungschef des NDR. Wir fühlten uns von dieser Anfrage selbstverständlich geehrt. Aber ganz wohl war uns nicht dabei. Schließlich war dieser hochglanzpolierte Fernsehkosmos so gar nicht unsere Welt. Außerdem gab es für die Teilnahme, wie Thomas Schreiber uns mitteilte, eine Bedingung: In den Statuten des ESC sei festgehalten, dass man nur live mit Halbplayback spielen dürfe – heißt: Das Instrumental läuft automatisch, der Gesang dazu muss aber live sein. Das stellte uns vor ein Problem: Wir waren ja vor allem durch das genaue Gegenteil bekannt geworden. Nämlich ehrliche und echte Live-Musik. Wenn unser damaliges Label Sony uns im Rahmen der Albumpromotion die Anfragen für mögliche TV-Formate schickte, strichen wir 29 von 30 Vorschlägen wieder von der Liste. Sony ging die Wände hoch, aber für uns fühlte es sich einfach nicht richtig an, im »Fernsehgarten« oder bei irgendeinem Frühjahrsfest der Volksmusik aufzutreten, wo man lieb und schön aussehen muss. Das hätte weder dem Publikum noch uns besonders Spaß gemacht.

Also sagten wir Herrn Schreiber kurzerhand ab. Der rief natürlich sofort an und fragte, ob er uns nicht irgendwie doch noch umstimmen könne. Aber die einzige Möglichkeit für uns, am Vorentscheid teilzunehmen, war eben der Live-Auftritt. »Nein, das ist leider wirklich nicht möglich«, sagte Herr Schreiber und legte auf. Doch kurz darauf klingelte das Telefon erneut – wieder Herr Schreiber. Er habe da ein ziemliches Problem: In seinem Umfeld gäbe es große

> *Wir waren ja vor allem durch ehrliche und echte Live-Musik bekannt geworden.*

LaBrassBanda-Fans, die er auf keinen Fall enttäuschen wolle. Er druckste etwas herum und erlaubte uns schließlich, live zu spielen. Wohlgemerkt als erste Band überhaupt. Einzige Bedingung: Diesen Umstand doch bitte für uns zu behalten. Als unsere Teilnahme bekanntgegeben wurde, konnten wir natürlich gar nicht anders, als genau diesen Umstand in den Interviews voller Stolz zu betonen – denn schließlich würde sich beim ESC endlich etwas tun und das Format nun wieder cool werden.

Unser Auftritt war, wie uns vor Ort schließlich bewusst wurde, mit jeder Menge mehr Aufwand verbunden. Es brauchte nicht nur mehr Techniker:innen und mehr Equipment, sondern auch deutlich längere Proben. An eine Sache hatten wir im Vorhinein aber leider nicht gedacht. Kurz vor dem Auftritt berieten wir nochmal darüber, welche Shirts wir denn nun anziehen sollten. Der Produktionsleiter bekam die Diskussion mit und konnte es gar nicht fassen. »Habt ihr einen Schuss? Die anderen Bands planen und konzipieren seit Monaten ihre Outfits und stimmen sie auf das Lichtkonzept ab!«

Lichtkonzept? Welches Lichtkonzept? Das hatte bei uns bis dato tatsächlich keine große Rolle gespielt. Also trotteten wir mit schlechtem Gewissen zu den Lichttechniker:innen und beichteten unser

Vor dem Konzert wurden wir verkabelt. Die örtliche Crew hatte zwar mehr Aufwand mit uns, aber, wie sie uns versicherten, auch großen Spaß!

Das war offenbar der Moment, in dem uns einfiel, dass wir uns im Vorfeld nicht um eine Lichtshow, geschweige denn eine Pyroshow gekümmert hatten.

Missmanagement. Glücklicherweise war das für die Crew überhaupt kein Problem. Sie improvisierten uns aus dem Stand eine super geile Lichtshow. Unser Unvermögen und das Unprofessionelle waren schließlich genau der Faktor, der die Show zu einem unvergesslichen Erlebnis machte. Die 10.000 Gäste in der Halle flippten aus – und die Zuschauer vor den Fernsehgeräten auch. Ein Riesen-Vorteil für uns. Denn beim Voting der Radiostationen, für das auch die Zuschauer:innen zu Hause abstimmen konnten, belegten wir durchgehend den ersten Platz – und das, obwohl die Sender uns noch nie gespielt hatten!

Leider sah es im Hinblick auf die Jury im Studio ein wenig anders aus. Die Künstler:innen Tim Bendzko, Roman Lob, Anna Loos und Mary Roos sowie der Musikjournalist und ESC-Kommentator Peter Urban wählten uns auf den letzten Rang, weshalb wir in Kombination mit dem Voting der Radiosender schlussendlich nur auf dem zweiten Platz landeten. Den ersten Platz machte Cascada. Vollkommen zu Recht – denn die hatte sich auch Gedanken um Kostüme und Licht gemacht. Viele fragten uns nach der Teilnahme, ob wir nicht enttäuscht wären über den zweiten Platz – aber tatsächlich waren wir vielmehr überrascht, dass wir mit unserem Rebellentum überhaupt so weit gekommen waren.

Die 10.000 Gäste in der Halle flippten aus – und die Zuschauer vor den Fernsehgeräten auch.

Wir legten alles, was wir hatten, in unseren kurzen Auftritt und spielten selbstredend nicht das eingeprobte Arrangement ...

Die örtlichen Lichttechniker zauberten uns dann doch noch eine kleine Show zusammen. Dafür gab's später Bier aus dem Nightliner.

#19

Die Ärzte und die Hosen

Es gab uns als Band noch nicht so lange, da spielten wir schon mit den Ärzten auf dem Taubertal-Festival. Als Support der Toten Hosen hatten wir uns viel versprochen – mit Schneechaos in Düsseldorf hatten wir nicht gerechnet.

Bela B. von den Ärzten lernten wir bereits 2010 auf dem Taubertal-Festival kennen. Es waren noch ein paar Stunden bis zu unserem Auftritt, und auf einmal stand dann die Ärzte-Legende in unserer Kabine.

Er habe gesehen, dass wir eigentlich vor ihm spielen sollten – aber er wisse ja, was wir so machen und wollte sich erkundigen, ob wir vielleicht Lust hätten, den Slot mit ihm zu tauschen. Unsere Musik sei einfach besser für einen späteren Zeitpunkt am Abend geeignet. Wir freuten uns und sagten zu.

Genau wie drei Jahre später, als Die Ärzte uns für zwei Shows im Rahmen ihrer Ärztivals in deutschen Stadien anfragten. Gut möglich, dass der geneigte Ärzte-Fan sich als Vorgruppe vielleicht eher eine coole Punk- oder Rockband aus den USA oder England erwartete. Aus eben diesem Grund übernahm ein Bandmitglied der Ärzte vor dem Supportact die Rolle des Ansagers und erklärte kurz die Verbindung zur Band.

Nicht ganz so glatt lief es bei unserem Auftritt im Vorprogramm der Toten Hosen. Hier sollten wir in der ausverkauften Esprit-Arena in Düsseldorf, der Heimatstadt der Band, den Supportact machen. Die Location war mit 10.000 verkauften Karten bis auf den letzten Platz gefüllt – eigentlich beste Voraussetzungen für eine Bomben-Show. Das einzige Problem:

Vor dem Tote-Hosen-Konzert im Kölner Fußballstadion hatten wir großen Respekt. Das war eine andere Liga, im wahrsten Sinn des Wortes.

Als wir um halb acht pünktlich zur Stagetime auf die Bühne traten, war kein einziger Mensch in der Halle!

Nach einem unerwarteten Wintereinbruch herrschte absolutes Schneechaos, auf welches das Rheinland einfach nicht vorbereitet war. Und als wir um halb acht pünktlich zur Stagetime auf die Bühne traten, war kein einziger Mensch in der Halle!

Also schoben wir. Erst eine, dann eine weitere und schließlich noch eine halbe Stunde. Die wenigen Fans, die sich mittlerweile durch das Schneechaos gekämpft und in der Halle eingefunden hatten, wurden immer unruhiger. Jetzt noch als Vorband zu spielen, schien in unseren Augen vergebliche Liebesmühe. Aber es half alles nichts. Und kaum standen wir auf der Bühne, hagelte es Buhrufe. Die entnervten Fans, die es durch den Schnee zum Hosen-Konzert geschafft hatten, wollten dann natürlich ihre Band sehen und hören – und nicht eine Vorgruppe, die sie nicht kannten. Immer wieder blickten wir verzweifelt in Richtung Bühnenrand, an den wir uns nach 20 Minuten schließlich auch verzogen und den Hosen ihre Bühne samt den davor wartenden Fans überließen. Aber danach erhielten wir immer wieder Nachrichten von Menschen, die beeindruckt davon waren, dass wir nicht aufgegeben haben – und die seitdem auch zu unseren Konzerten kommen.

Beim Soundcheck steht man oft allein auf der Bühne – vor einer riesigen Menge, die darauf wartet, dass es losgeht: erster Kontakt zum Publikum.

Bierselig im Backstage. Stefan und Trompeter Jörg kennen sich schon seit Ewigkeiten und hatten während des Studiums eine WG.

Manchmal animiert man als Band das Publikum, oft ist es aber auch genau andersrum. Das macht ein gutes Konzert für uns aus.

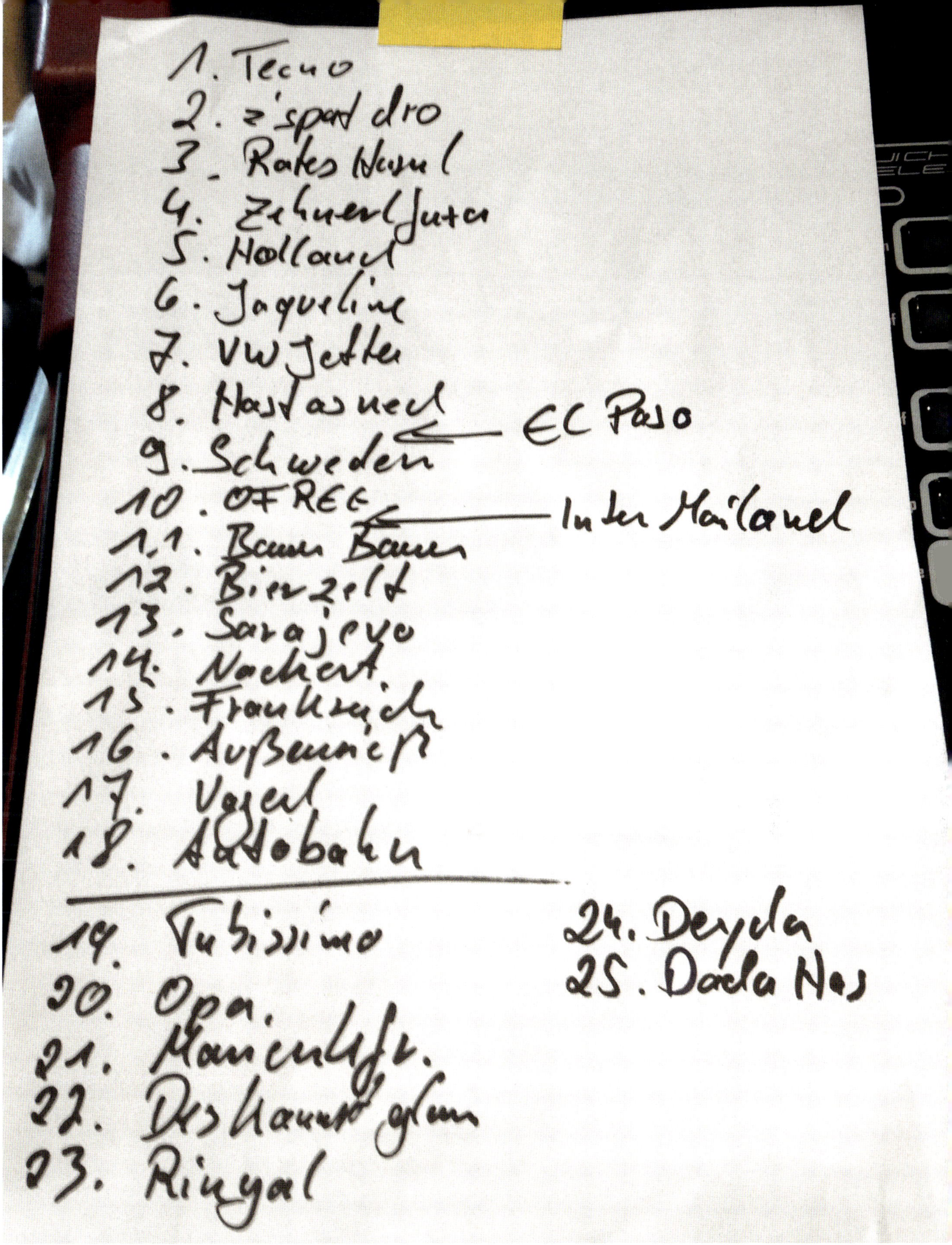

1. Techno
2. z'spat dro
3. Rotes Haarl
4. Zehnerkuten
5. Holland
6. Jaqueline
7. VW Jetta
8. Hostasnech ← El Paso
9. Schweden
10. OFREE ← Inter Mailand
11. Bauer Bauer
12. Bierzelt
13. Sarajevo
14. Nochert
15. Frankreich
16. Außennetz
17. Vogel
18. Autobahn
---
19. Tubissimo
20. Opa.
21. Mauenlifr.
22. Deshauntglun
23. Ringal
24. Deyda
25. Doda Nos

#20

Quer durch Deutschland

Mit dem ESC ging es so richtig los – auf einen Schlag waren wir in ganz Deutschland bekannt. Und so tourten wir von 2013 ab bis 2020 mit großem Vergnügen quer durchs Land.

Mit dem zweiten Platz beim ESC platzte ein großer Knoten. Natürlich hatten wir in den Jahren davor auch schon immer mal wieder an verschiedenen Orten in ganz Deutschland Konzerte gegeben. Aber nach diesem überraschenden Erfolg standen uns nochmal ganz andere Türen offen. Dazu ging unser neues Album »Europa« auf Platz 3 der Charts und erlangte Goldstatus. Plötzlich waren wir eine richtige Band mit richtiger Deutschlandtour, die Clubs mit einer Kapazität von 800 bis 1000 zwei Tage am Stück ausverkaufte. Egal ob Nordrhein-Westfalen oder Hessen – überall waren plötzlich Konzerte möglich. Auch den Norden eroberten wir im Sturm.

Eine unserer Wunschlocations, die zwar keine große Halle, aber für uns die Topadresse in Hamburg war: der »Golden Pudel Club«. Betrieben wurde er damals von Rocko Schamoni, seines Zeichens nicht nur Hamburger Bonvivant, sondern auch Buchautor und ein Drittel des legendären Studio Braun, welches durch seine ganz besonderen Telefonstreiche bekannt wurde, von denen auch wir große Fans waren.

Die Schandmaul-Tour war für uns ein kleiner Vorgeschmack darauf, was es heißt, eine Hallentour zu spielen. Alles wurde noch professioneller.

Plötzlich waren wir eine richtige Band mit richtiger Deutschlandtour.

Kurzum: Der »Golden Pudel Club« war auch für uns seit jeher ein ganz besonderer Kulturort, der seinesgleichen sucht. Dementsprechend weit oben stand der Club direkt am Hamburger Fischmarkt auf unserer Liste von Locations, in denen wir gerne mal spielen wollten. Aber: Nichts zu machen. Jahrelang fragten wir immer und immer wieder an – und kassierten doch eine Absage nach der anderen. Wir seien einfach zu uncool, hieß es aus dem Club.

Denn für den »Pudel Club« war es immer schwierig, wenn zu viele, die falschen oder zu viele von den falschen Leuten in das Etablissement kamen.

Aber nach den Auftritten in Simbabwe und Russland, auf dem Roskilde und dem dreifach ausverkauften Circus Krone hatten wir so viel Selbstvertrauen getankt, dass wir uns definitiv als cool genug für den »Golden Pudel Club« erachteten.

Und so schaut das aus, wenn Band, Tourbegleitung, Mischer, Lichtmischer, Security, Merchandiser, Koch, Fotograf und Busfahrer auf einem Foto sind.

Also versuchten wir es wieder. Und wieder. So lange, bis wir irgendwann die Möglichkeit bekamen, zwar nicht am Abend im Club selbst, aber doch am Nachmittag beim Kinderkonzert vor dem Club zu spielen. Immerhin! Wir sahen in dem Kompromiss-Gig eine Art trojanisches Pferd. Denn mit den Kindern kamen auch jede Menge Mütter und Väter – und die waren allesamt so begeistert, dass Rocko Schamoni uns am Abend schließlich doch noch in den Club ließ und wir dort alle Besucher:innen für uns einnahmen.

Das Herz des »Pudel«, der Musiker und DJ Knarf Rellöm, der an diesem Abend nach unserer Show auflegen sollte, war so irritiert von unserem Sound, dass er im Anschluss an unsere Show das Mikrofon ergriff und ankündigte, er werde jetzt erstmal fünf Minuten Stille auflegen. Der Stimmung tat das keinen Abbruch. Denn nach einem wilden Abend machten wir es uns unter dem Tresen im »Golden Pudel Club« gemütlich, ehe es in den Morgenstunden für ein ausgiebiges Frühstück auf den nahegelegenen Fischmarkt ging. Fischmäßig schlugen wir dort völlig über die Stränge – den angeekelten Blicken unserer Mitreisenden im Zug von Hamburg nach Saarbrücken nach zu urteilen, hätte die letzte Aalsemmel nicht unbedingt sein müssen.

Keine gute Idee: vor dem Konzert Gokart fahren zu gehen. Beim Konzert waren wir so erschöpft, dass wir kaum die Instrumente halten konnten.

Lederhosen sind eigentlich eine ideale Tourbekleidung, es sei denn, man schwitzt jeden Abend so sehr, dass sie gar nicht mehr trocken werden.

Um auf Sylt zu spielen, mussten wir den Zug nehmen – kein Problem mit unserer sehr überschaubaren Backline.

Vor dem »Golden Pudel« in Hamburg. Dieser Club bedeutet uns viel, denn hier haben wir auch außerhalb des Bandkosmos schon legendäre Abende verbracht.

Und weil das alles so großen Spaß machte, verlängerten wir diese Deutschlandtour einfach immer und immer wieder – von 2013 bis ins Jahr 2020. Ein einziges, langes Unterwegssein, ein Modus, den wir ja ohnehin schon kannten und mit dem wir uns pudelwohl fühlten.

Wir werden ja bis heute immer wieder gefragt, wann genau wir uns eigentlich von den ganzen Konzerten und Auftritten erholen und vielleicht mal Urlaub machen. Die Wahrheit ist: Das Tourleben gibt uns schon eine gewisse Struktur. Aufstehen, spazierengehen, sich die Umgebung anschauen, vor der Show einen Ingwertee oder vielleicht auch mal ein Bier trinken, etwas essen, Soundcheck machen, die Show spielen, noch ein paar Biere trinken und dann schlafen. Was kann es Schöneres geben?

> Und weil das alles so großen Spaß machte, verlängerten wir diese Deutschlandtour einfach immer und immer wieder.

Backstage

Was sich viele Menschen nicht vorstellen können: So turbulent das Leben als Musiker ist, so langweilig kann es manchmal sein. Egal wie durchgetaktet alles scheint, es gibt jede Menge Phasen, in denen rein gar nichts passiert – oder in denen man wartet: auf Bandmitglieder, Taxen, Züge oder Flugzeuge – und das vor den Konzerten genauso wie danach. Allerdings sind solche »Ruhephasen« manchmal durchaus angenehm, denn wir laufen ziemlich vollgepackt rum: Rucksack, Tuba, Case – alles nah am Mann. Unterwegs zu sein, das heißt auch, dass man immer alles kompakt und griffbereit dabeihaben muss.

Zwar sind Trompete, Reisepass, Handy und Geldbeutel die absoluten Essentials auf Tour. Wenn man die vier Dinge bei sich hat, ist man als Mitglied von LaBrassBanda absolut funktionsfähig und alles andere scheißegal.

Wenn es dann heißt: Soundcheck, dann steigt die Konzentration.

Doch vor einem Konzert ohne Gepäck noch ein wenig die Ruhe zu genießen – das ist dann schon angenehm. Der Backstage muss dabei gar nicht immer ein kleines Kabuff neben der Bühne sein. Manchmal haben die Locations unerwartet schöne Ecken. Am liebsten ist es uns aber, wenn sich irgendwo ein Baum finden lässt, unter dem wir einfach abhängen, ein bisschen dösen oder Musik spielen können.

Sich einfach nur im Backstage zu verschanzen macht für uns keinen Sinn. Wann immer wir können, nutzen wir die Zeit vor den Konzerten oder an den Off-Days, um ein bisschen spazieren zu gehen. Sich einfach ein wenig die Füße vertreten, Dinge besprechen – das ist super wichtig fürs Bandklima. Auch, wenn wir uns alle jetzt schon einige Jahre kennen, unterhalten wir uns zwischen den Konzerten immer noch sehr viel. Der persönliche Austausch ist entscheidend für die Dynamik der Band.

Im Laufe der Jahre haben wir herausgefunden: Wenn irgendwo im Backstage ein Billardtisch oder ein Kicker steht, tut uns das wahnsinnig gut. Einerseits kann man sich dabei entspannen, andererseits entwickelt

Special

man schon einen leichten Ehrgeiz, der hinterher auf der Bühne richtig guttut. Einen Sonderplatz hat bei uns übrigens immer die Tuba. Weil sie so groß ist, braucht sie eigentlich einen eigenen Backstageraum – oder zumindest ein eigenes Plätzchen.

Eine halbe Stunde vor Showbeginn finden sich alle im Backstage ein. Und um die Zeit bis zum Konzert zu überbrücken, sucht sich dann jeder eine Aufgabe. Aber wichtig ist, dass wenigstens schon mal alle beisammen sind. Dazu gehören auch Bene und Florian – die beiden sind super wichtig für unsere Auftritte. Als unsere Techniker bereiten sie alles vor und sagen uns ganz genau, was wir zu tun und zu lassen haben.

Zu spüren, dass die beiden alles im Griff haben, hilft ungemein vor und während der Show. Nicht zuletzt zum Beispiel das Bühnenbild, das gehört zu einem guten Konzert dazu. Aber damit es richtig wirkt, muss man es in Szene setzen. Das heißt, es muss richtig hängen und vernünftig beleuchtet werden. Denn das variiert von Halle zu Halle.

Wenn es dann heißt: Soundcheck, dann steigt die Konzentration. Ohne Soundcheck mit der Band geht gar nichts. Man kann nicht nur den Ablauf nochmal durchgehen, sondern bekommt zudem ein Gefühl für die Location, in der man spielt. Und dann raus aus dem Backstage und rauf auf die Bühne!

Die Bierzelt-Tour

Deutschland besteht nicht nur aus Städten mit tollen Clubs und feinen Musikanlagen – es gibt unzählige Dörfer und ländliche Ortschaften, in denen kein Festival, kein Konzert stattfindet, wo aber viele Freund:innen unserer Musik wohnen. Die erreichten wir mit unserer Bierzelt-Tour.

Im Rahmen unserer Deutschlandtournee hatten wir in jeder Menge schönen Clubs mit tollen Anlagen gespielt. In Bayern war das allerdings nur in Städten wie München, Augsburg, Regensburg, Würzburg und Nürnberg möglich. Wir wollten aber nicht nur einfach die Orte bespielen, die sowieso ein Kulturprogramm zu bieten haben, sondern auch mal in den kleinen Gemeinden und Dörfern vorbeikommen, in denen sonst wenig bis gar nichts los war – echte Festivalstimmung aufkommen lassen und den Ortschaften gleichzeitig Wertschätzung entgegenbringen, schließlich kommen einige von uns »vom Land«.

So entwickelten wir die Idee mit den Bierzelten – denn von denen gab es schließlich jede Menge in Bayern. Das Problem: Die Zelte haben meist ein eher dürftiges Soundsystem, kein Sicherheitskonzept und sind selbstredend mit Biertischen und -bänken ausgestattet. Also fingen wir an zu überlegen. Wie wäre es, auf örtliche Veranstalter und Vereine zuzugehen und während der lokalen Festwoche ein Konzert im Bierzelt anzubieten, zu dem wir die komplette Infrastruktur selbst mitbrachten. Die örtlichen Veranstalter könnten ihr eigenes Bier verkaufen und bekämen einen Anteil vom Eintritt, dann würde sich das auch für sie lohnen.

Also starteten wir kurzerhand einen Aufruf an verschiedenste Vereine und rechneten mit 30 oder 40 Rückmeldungen – am Ende waren es 350, aus denen wir schließlich 45 auswählten, die uns besonders sympathisch und organisiert schienen. Jeder von uns klapperte ein paar der ausgewählten Zelte ab und besprach vor Ort mit den Veranstaltern den Ablauf, anschließend gestalteten wir Plakate und schickten sie in die Ortschaften, damit dort ordentlich die Werbetrommel gerührt werden konnte. Und ein paar Wochen später parkten wir unser Feuer-

Die Bierzelt-Tour war und ist die Deutschlandtour übertragen auf Bayern und Baden-Württemberg. Mit den Zelten gab es plötzlich überall Auftrittsmöglichkeiten.

So entwickelten wir die Idee mit den Bierzelten – denn von denen gab es schließlich jede Menge in Bayern.

wehrauto vor dem Zelt. Mit im Gepäck hatten wir neben einem regionalen Support auch befreundete Bands aus der ganzen Welt – egal ob Animal Noise und Killamanjambo aus England, Caravana Sun aus Australien oder Folkshilfe und Turbobier aus Österreich, die wir dem Publikum unbedingt vorstellen wollten. Anschließend legten wir im Zelt los, was uns mindestens genauso gut gefiel, wie den insgesamt über 100.000 Menschen, die auf der ersten Bierzelt-Tour außer Rand und Band mit uns feierten.

Auch auf Tour gibt es kontemplative Momente. Die sind wichtig, um nicht verlorenzugehen und sich auf das Konzert vorzubereiten.

Wenn jede Story schon das zweite Mal erzählt worden ist, wenden wir uns dem Schafkopfen zu. Es existiert eine ewige Liste seit 2013.

Kiah Royal

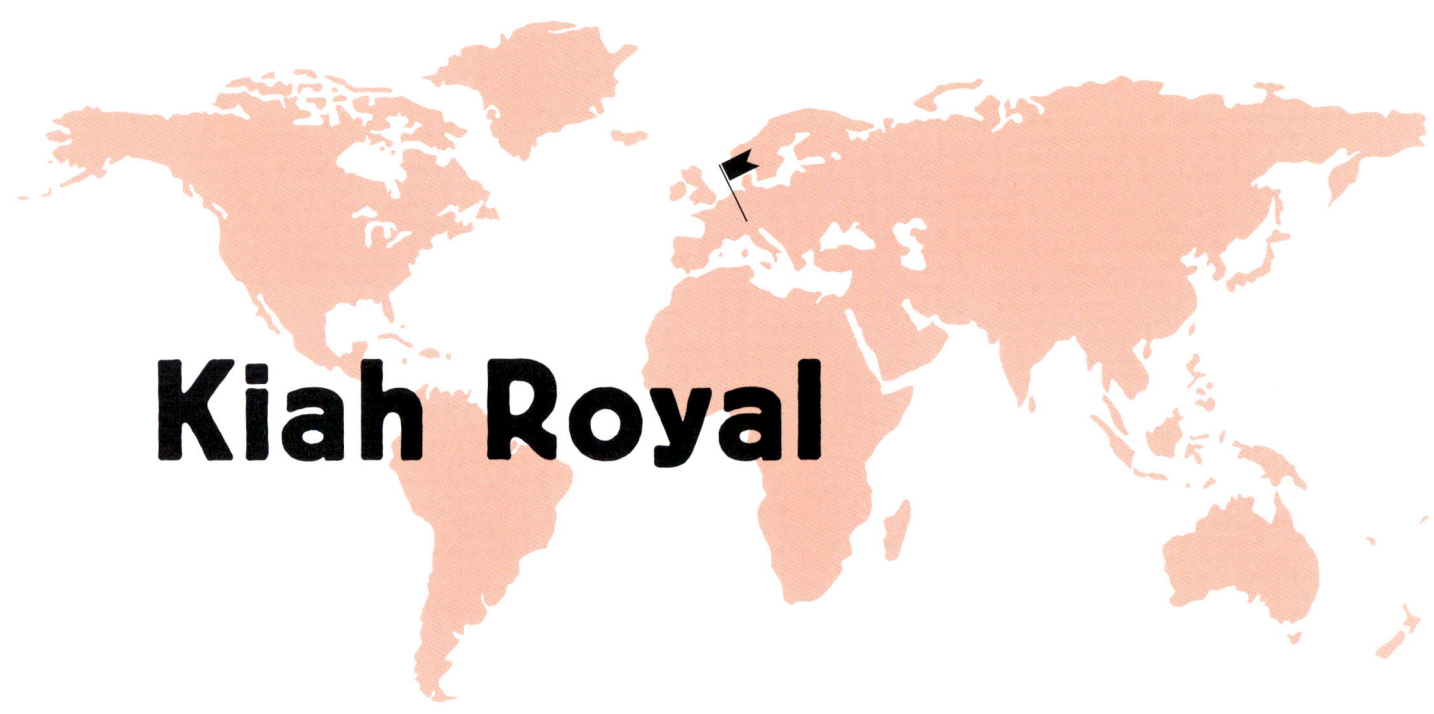

Unser Kuhstall-Konzert und das daraus entstandene Album »Kiah Royal« – das transportiert einen ganz besonders leisen Sound, akustisch, unplugged. Dafür stellten wir uns in einen ganz normalen, bayerischen Kuhstall. Die Kühe als Zuhörerinnen inspirierten uns und wir sie – das zufriedene Muhen hört man ja.

Im Jahr 2014 kam unser Label mit einer Idee auf uns zu: Nach drei Studioalben wäre es doch mal an der Zeit, über ein Unplugged-Album nachzudenken. Man könne dafür ein Theater mieten und uns dort in schöner Kulisse spielen lassen. Die Idee war reizvoll, aber das Theater als Kulisse fühlte sich irgendwie falsch an.

Für Rockbands macht es sicher Sinn, ohne Strom in gediegenem Ambiente zu musizieren. Außerdem, so unsere Begründung, war uns allen klar: Wenn wir vor Menschen spielen, können wir gar nicht ruhig bleiben. Innerhalb von zehn Minuten hätte es die totale Eskalation gegeben. Uns selbst und das Publikum im Zaum zu halten – das war nicht unser Ding. »Wenn, dann müssen wir ein Konzert ohne Menschen veranstalten«, hieß unser Vorschlag, der bei Sony zugegebenermaßen für enorme Irritationen sorgte.

»Ein Auftritt ohne Publikum?« »Nein, nur ohne Menschen.« Denn mittlerweile war uns die Idee gekommen, ein Konzert im Kuhstall zu veranstalten. Natürlich waren wir nicht die ersten, die Kühe und Musik zusammenbrachten – aber die ersten Musiker. Immer wieder hatten Bauern ihre Kühe in der Vergangenheit mit Musik beschallt, weil die Klänge zum einen beruhigend wirkten, sich zum anderen aber auch positiv auf die Milchproduktion ausgewirkt hatten.

»Ein guter Marketing-Gag«, hieß es bei der Plattenfirma. Umsetzbar sei das allerdings kaum. Um die Produktion professionell über die Bühne zu bringen, bräuchte es Unsummen – super Mikrofone, Videokameras und ein viel zu großes Team.

Wir hatten allerdings schon mit den Proben begonnen und gemerkt, dass das Spielen der Songs im

Es war schön zu beobachten, dass den Kühen unsere Musik offenbar gefiel. Sie blieben, auch als das Futter schon lange aufgebraucht war.

»Ein Auftritt ohne Publikum?«
»Nein, nur ohne Menschen.«

Kuhstall eine ganz besondere Stimmung erzeugte. Also handelten wir für das Projekt einen Deal aus, bei dem wir zwar leer ausgingen, dafür aber unseren Willen bekamen. Auch, was die Wahl des Kuhstalls anging. Sony schlug uns Bauernhöfe in Tirol vor, die längst keine Kühe mehr hatten, bei denen man die Tiere zeitweise hätte in den Stall stellen können. Aber für uns war wichtig, dass es ein ehrlicher Betrieb war, mit Kühen, die auch im wirklichen Leben in dem Stall wohnten. Nicht Hochglanz, sondern dreckig.

Also blieben wir bei unserer ersten Wahl: einem Bauernhof inklusive Kuhstall in Höllthal bei Seeon, zehn Minuten zu Fuß von unserem damaligen Studio entfernt. Und dort machten wir es uns gemeinsam mit Rocko Schamoni, Christoph Well und Stephan Remmler zwischen den Kühen bequem. Dann ging die Aufnahme los. Und obwohl wir vorher keinen Tropfen Alkohol getrunken hatten, waren wir schon nach kurzer Zeit ganz schön benebelt und high von den Gasen, die die Kühe nach und nach so absonderten.

Auch sonst war es ein ganz neues Gefühl des Musikmachens. Denn Kühe sind sehr sensibel, weshalb wir darauf bedacht waren, möglichst leise zu spielen und Stefans Stimme das lauteste Instrument im Stall war. Die Kühe zeigten sich dankbar, indem sie uns – während wir spielten! – die Waden abschleckten, wenn sie nicht gerade das frische Heu verspeisten,

das zur Beruhigung überall verteilt worden war. Aber die Tiere hörten sogar zu. Es war wirklich spannend zu beobachten, wie die Kühe auf die Musik reagierten. Sie konnten sich im Stall und auch auf der Außenanlage frei bewegen. Es gab Reggae- und Techno-Kühe, Party- und Chill-Kühe, die je nachdem, was wir gerade spielten, den Stall verließen oder wieder hineinkamen und ganz ungeniert pissten und kackten. Und doch war »Kiah Royal« eine ruhige und vor allem beruhigende Angelegenheit. Nach all den Jahren im musikalischen Kontext mal so herunterzufahren, tat gut und war kein Marketing-Gag, sondern eine ganz besondere Liebeserklärung an die Musik.

Die Zusammenarbeit mit Stefan Remmler war für viele von uns ein Kindheitstraum. Er kam in die Probe und gleich sein erster Einsatz war total auf den Punkt.

Die größte Herausforderung war, unsere Musik möglichst leise zu spielen. Diese Notwendigkeit hatten wir seit dem Studium nicht mehr gehabt.

Wir hatten über einen Monat lang täglich geprobt und spielten das Album live innerhalb zweier Abende ein – keine zweiten Takes, keine Overdubs.

Etwas verstörend war das Gefühl, wenn die Kühe mit ihren Zungen an unseren Waden auf und ab fuhren, aber wir gewöhnten uns schnell daran.

UK Damned Tour

Wir nennen sie nur die »Damned-Tour« – das hört sich schlimmer an, als es war. Denn wir wurden von der legendären Punk-Band The Damned eingeladen, als Vorgruppe zu spielen. Mit Erfolg – das Punk-Publikum mochte uns.

Als wir 2013 vor den Ärzten auftraten, lernten wir auch The Damned kennen, die als Punk-Legenden ebenfalls von den Ärzten als Support-Band eingeladen waren. Schon bei der Ankunft war unser Manager Wolfgang Huber unglaublich nervös, weil er wusste, dass die Briten in der Kabine neben uns residierten. Uns sagte die Band hingegen überhaupt nichts, weshalb Stefan vorschlug, den Jungs doch einfach mal einen Besuch abzustatten. Wolfgang reagierte zunächst erstmal ziemlich zögerlich. Den Mann, der für uns immer alles in die Hand nahm, so schüchtern zu sehen, war schon ein bisschen lustig. Aber Stefan ließ nicht locker. Einige Minuten später standen wir allesamt in der Umkleide von The Damned und Stefan machte Wolfgang mit dem Gitarristen der Band, Captain Sensible, bekannt.

Erst ein paar Tage nach unserem Aufeinandertreffen führte Wolfgang uns schließlich in die Discografie der Band ein und erklärte uns, mit wem wir es eigentlich zu tun gehabt hatten. Dass wir so unbedarft vorbeigeschaut hatten, machte sich aber wenig später bezahlt. Erst folgte Captain Sensible unserer Einladung in den Kuhstall, wo wir gemeinsam mit ihm ein Stück für »Kiah Royal« aufnahmen, dann

Mit Captain Sensible nahmen wir einige Monate zuvor seinen Hit »WOT« auf. Die Einladung, als Support von The Damned zu spielen, freute uns sehr.

> Schon beim ersten Konzert lösten sich all unsere Bedenken in Luft auf.

kam postwendend die Anfrage, ob wir nicht Lust hätten, The Damned als Vorband auf ihrer nächsten England-Tour zu begleiten.

Ein mutiger Schritt dieser Punk-Veteranen, eine in England völlig unbekannte Band im Vorprogramm spielen zu lassen, deren Sound rein gar nichts mit dem eigenen Œuvre zu tun hat! Wir sagten natürlich zu, waren gleichzeitig aber ein bisschen skeptisch, wie das Punk-Publikum uns aufnehmen würde.

Aber schon beim ersten Konzert lösten sich all unsere Bedenken in Luft auf. Unsere bisherigen England-Touren waren immer selbst organisiert und fanden in kleinen Pubs statt. Und jetzt spielten wir zum ersten Mal in großen Hallen vor einem Punk-Veteranen-Publikum, das sich aufgebrezelt hatte wie vor dreißig Jahren und, wie sich herausstellte, überhaupt keine Probleme mit unserer Musik hatte.

Unser Posaunist Manuel Winbeck beim Spaziergang mit Telefonat in die Heimat.

Ein tolles Bild – und noch tollere Shows, die wir übrigens in der zu diesem Zeitpunkt maximalen LaBrassBanda-Besetzung spielten: Stefan Dettl, Korbinian Weber und Jörg Hartl an den Trompeten, Manuel Winbeck an der Posaune, Manuel da Coll am Schlagzeug, Stefan Huber an der Tuba, Fabian Jungreithmayr an der Gitarre und Oliver Wrage und Mario Schönhofer am Bass sowie Tobias Weber an den Percussions.

Tagsüber vertrieben wir uns die Zeit übrigens oft mit Straßenmusik, um ein wenig Werbung für die Shows am Abend zu machen. Auch in Manchester, wo ein schönes Bandfoto von uns allen entstand.

Die Überfahrt auf dem Schiff war großartig, bis auf das English Breakfast im Schiffsrestaurant, von dem wir dringend abraten.

HOASSE NACHT

Hoaße Nacht in am
fremden Land
Alles tanzt in da Strass
Vögel schaun von de
Baam herob

Was Musik mit uns macht

aus dem Album »Danzn«, 2020

HOT NIGHT

Hot nights far from
   home
All dancing in the streets
Beneath the birds in
   the trees

That's what music does

Around the World

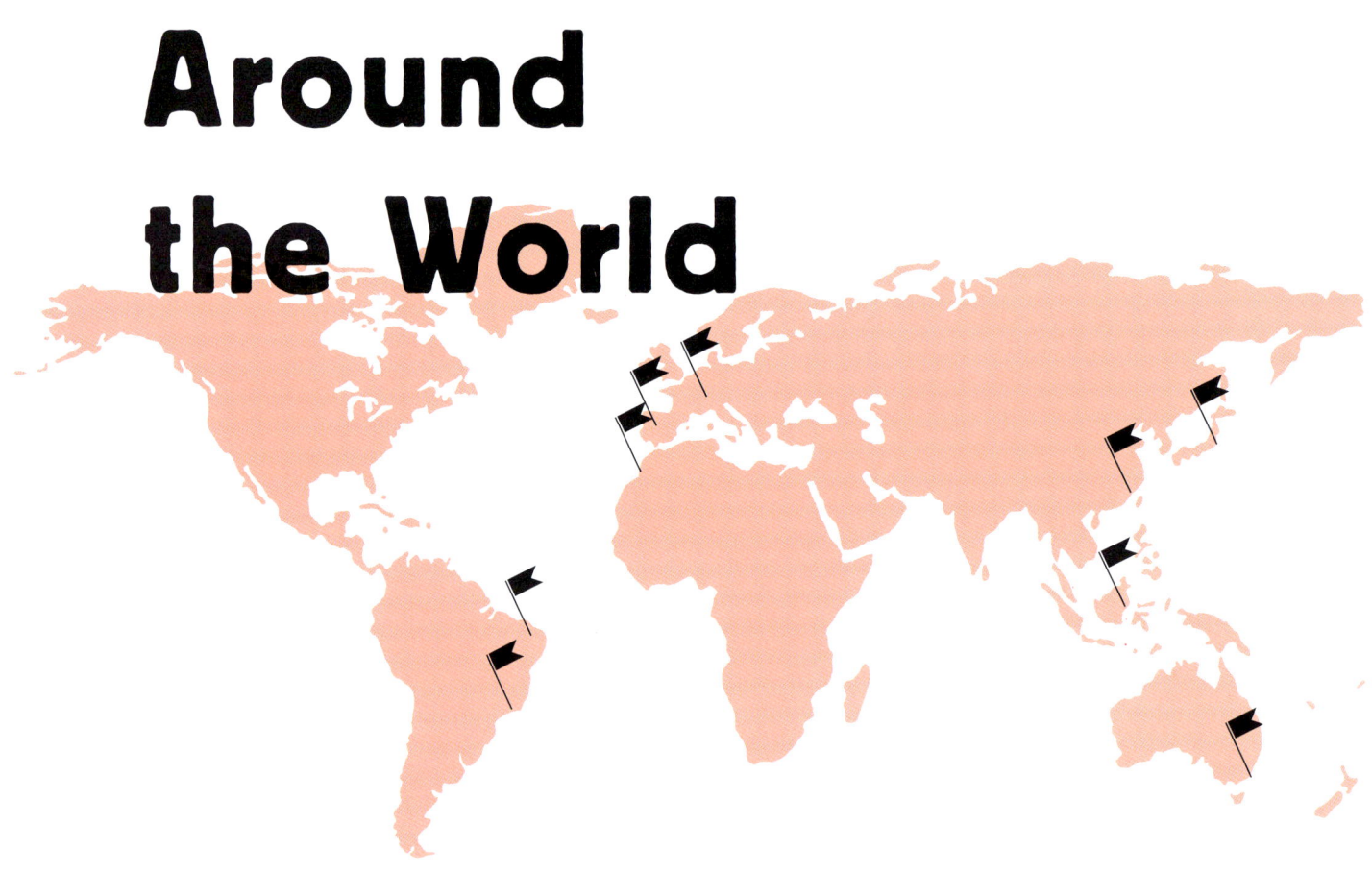

Rund um die Welt in 37 Tagen und dabei 27 Konzerte spielen – das war ein unvergessliches Erlebnis. Wir kamen total fertig und übermüdet zu Hause an, zehren aber bis heute von den vielfältigen Eindrücken.

Zum zehnjährigen Band-Jubiläum im Jahr 2017 hatten wir uns etwas ganz Besonderes ausgedacht. Wir erklärten unseren Bandalltag zum Titel für Album Nummer Vier. Von »Europa« ging es »Around the World«. Also begaben wir uns kurzerhand auf Welttournee und Arbeitsreise gleichermaßen.

Die Idee: einfach hinfliegen, Eindrücke sammeln, sich inspirieren lassen, Songs schreiben, ein Konzert spielen, vielleicht noch eine Mütze Schlaf nehmen und am nächsten Tag gleich weiter.

Der erste Halt: Ho-Chi-Minh-Stadt in Vietnam. Am Ende einer Straße, in der allerlei Kunstwerke an die Hauswände gemalt waren, hatte man für uns eine Bühne samt bombastischem Soundsystem aufgebaut. Die Stimmung stand dem in nichts nach. Zu spüren, wie die Menschen am anderen Ende der Welt auf unsere Songs reagieren, war wie immer einzigartig – ein perfekter Auftakt für unsere Welttournee!

Beflügelt von diesem erfolgreichen Anfang, ging es über Hongkong weiter nach Japan. In Erinnerung wird

Nur Minuten nach dieser Aufnahme wurde unserem Fotografen Sebi mit vorgehaltener Pistole die Kamera entwendet.

Wenn Sushi, dann in Japan. Wir haben es nicht bereut, sind aber die folgenden Abende doch zum Korean Barbecue gegangen.

Ein derart geiles Club-Konzert haben wir wohl nie wieder gespielt.

uns auf jeden Fall der Spaziergang durch Harajuku, das Bahnhofsviertel von Tokio, bleiben. Der Stadtteil gehört zum Bezirk Shibuya und ist wegen der vielen Boutiquen und Läden vor allem bei jungen Japaner:innen beliebt. Es wimmelt nur so von extravaganten und comichaften Cosplayer:innen mit eigenwilligem Kleidungsstil, wie man sie bei uns kaum je auf der Straße sieht. Apropos: Stefan stattete vor Ort dem Frisör einen Besuch ab, um sich dort einen typisch japanischen Haarschnitt verpassen zu lassen. Der Coiffeur hielt das für keine sonderlich gute Idee, weshalb die beiden sich schließlich auf eine Beatles-Gedächtnisfrisur einigten – dabei hätten wir unseren Frontmann zu gern mit einer Japanfrisur in Blond gesehen.

Auch Australien wird uns in mehr als guter Erinnerung bleiben. In Sydney spielten wir ein Konzert vor einer völlig ausgelassenen Menge, und zwar so feierwütig,

Die vielen intensiven Eindrücke, die wir auf der Welttour sammeln durften, wirken bis heute nach.

dass die Partycrowd schon lange vor unserem Auftritt im Club einfach aus der Laune heraus Stagediven machte. Als wir schließlich auf die Bühne kamen und loslegten, eskalierte die Stimmung völlig. Ein derart geiles Club-Konzert haben wir wohl nie wieder gespielt.

Durch einen glücklichen Zufall bekamen wir die Chance, in Brasilien bei der öffentlichen Probe einer der größten Samba-Schulen in Rio zu spielen. Die Lebensfreude und die Stimmung, die an diesem Abend herrschte, steckten einfach alle an: Tänzer wie Zuschauer – alle waren ständig in Bewegung. In Brasilien spielten wir auch im »Sherlock's Pub« in Fortaleza, einer Küstenstadt im Osten, die nicht den besten Ruf genießt. Aber als wir ankamen, trauten wir unseren Augen kaum: Die Betreiber:innen des Pubs, in dem wir spielen sollten, hatten sich bei den Vorbereitungen jede Menge Mühe gemacht und sogar T-Shirts und Trinkbecher mit unserem Logo bedruckt. Das konnte allerdings nicht darüber hinwegtäuschen, dass auf der Bühne knapp 40 Grad Celsius herrschten – und statt Steckdosen in den Wänden gab es nur ein paar heraushängende Drähte, die mit der Anlage verkabelt waren. Als wir gerade den letzten Ton des letzten Songs der schweißtreibenden Show gespielt hatten und uns auf eine Dusche freuten, erschien auf einmal eine ältere Dame im Club: Schick zurechtgemacht

und ziemlich enttäuscht über den Umstand, dass sie offenbar knapp unser Konzert verpasst hatte. Sie wohne auf der gegenüberliegenden Straßenseite, habe die Musik gehört und sich extra umgezogen, um ein bisschen mit uns zu feiern. Wir waren sehr gerührt von dieser Geschichte und lieferten zu vorgerückter Stunde noch eine extralange Zugabe für unseren ganz besonderen Special Guest.

Nach jeder Menge Konzerten auf anderen Kontinenten kehrten wir schließlich nach Europa zurück und spielten in Portugal. Weil die Welttournee aber so gedacht war, dass jedes Bandmitglied einen Wunschort beisteuern sollte, und weil Yossi unbedingt nach Marokko wollte, ging es von dort aus nochmal auf den afrikanischen Kontinent. Wohlgemerkt mit Sack, Pack und auch unserer Tuba, die der Taxifahrer am Flughafen mit Müh und Not in den viel zu kleinen Kofferraum seines Mercedes Strich-Acht zu bugsieren versuchte. Irgendwie gelang es ihm schließlich, das Case zur Hälfte hineinzuklemmen und den Kofferraumdeckel mit einem dünnen Spanngurt zu fixieren. Wir machten ihm mit Händen und Füßen begreiflich, dass das Instrument teuer sei und auf gar keinen Fall beschädigt werden oder verloren gehen dürfe. Aber er winkte ab – und sollte Recht behalten. Die Tuba kam genau wie wir ohne einen Kratzer in Marrakesch an. Dort standen wir allerdings vor einem nicht unwesentlichen Problem: In Marokko gibt es nämlich keine Live-Clubs. Die einzige Möglichkeit, in Innenräumen zu spielen, wären Hotellobbys gewesen. Aber durch glückliche Verbindungen

> *Die Tuba kam genau wie wir ohne einen Kratzer in Marrakesch an.*

Honolulu ist für viele ein Sehnsuchtsort. Wir spielten dort in zwei ziemlich abgefuckten Pubs – ein guter Kontrast zur Schönheit der Insel.

Die pragmatische Art, mit der unsere Instrumente vom Taxifahrer verstaut wurden, gefiel uns sehr.

Auf dem Hauptplatz in Marrakesch war zu jeder Tages- und Nachtzeit viel los. Dutzende Live-Musiker spielten dort in der Dämmerung.

bekamen wir dann die Option, auf dem Djemaa el Fna, dem zentralen Marktplatz von Marrakesch, zu spielen – ein einmaliges Erlebnis, im wahrsten Sinn des Wortes: Denn unser Konzert wurde nach jedem Song abrupt von einem Erzähler unterbrochen, der ziemlich energisch und in bester Rumpelstilzchenmanier seine Geschichten zum Besten gab, ehe wir weitermachen durften. Die Welttour war mit ihren 27 Shows in 37 Tagen ein unfassbar bereicherndes, aber zugleich toughes Programm mit einer strengen Taktung. Sie mündete in einem dreistündigen Konzert in der Münch-ner Olympiahalle, bei dem wir neben unserem neuen Album »Around the World« mal eben unser gesamtes bisheriges musikalisches Werk auf die Bühne brachten.

Zum zehnjährigen Jubiläum von LaBrassBanda 2017 tourten wir einmal um die Welt – mit 27 Shows in 37 Tagen.

Königsplatz, München

Open Air auf dem Königsplatz, ausverkauft – ein bisschen Muffensausen hatten wir ja schon, ob wir diese riesige Masse Leute von uns überzeugen könnten. Aber es lief gigantisch gut.

Was kommt nach dem Circus Krone und der Olympiahalle? Richtig, der Königsplatz! Wobei wir, als zum ersten Mal eine Promoterin mit der Idee an uns herantrat, auf dem geschichtsträchtigen Platz in München zu spielen, doch ein wenig Bedenken hatten. Wir sind ohne Frage eine gute Band und geben uns Mühe. Aber uns mitten in München in eine Reihe mit riesengroßen Bands wie Kiss und Black Sabbath zu stellen, die in den Jahren davor hier die Massen begeistert hatten? Auf einer riesengroßen Freifläche, bei der das Unmittelbare wie in einem Club gänzlich fehlt? Wir waren skeptisch – und sagten doch zu.

Glücklicherweise. Denn das Doppelkonzert mit der österreichischen Band Seiler und Speer war innerhalb kürzester Zeit ausverkauft. Das Konzert fand am 1. Juni 2019 statt – Sommeranfang, der erste richtig schöne Tag im Jahr. All unsere Freunde und Bekannten aus ganz Bayern auf dem Weg nach München – es passte wirklich alles.

Neu war auf jeden Fall die Größe der Bühne – oder noch viel mehr der Platz davor für das Publikum. Das Wichtige bei Konzerten dieser Größenordnung ist, dass man sich nicht nur auf die Menschen direkt vor der Bühne konzentriert, sondern vor allem die im Blick hat, die ganz hinten am Ende des Geländes stehen.

Das Besondere an unseren Instrumenten ist ja, dass sie im Gegensatz zu einer Gitarre oder einem Keyboard keinen längeren Ausklang haben. Wenn aus der Trompete ein Ton kommt, dann ist er gleich danach verschwunden. Um die Energie also wirklich auf das gesamte Publikum zu übertragen, muss man sich tierisch konzentrieren.

Das Konzert auf dem Königsplatz hatten wir mit größter Vorfreude erwartet. Der Tag selbst übertraf aber noch unsere kühnsten Erwartungen.

Um die Energie also wirklich auf das gesamte Publikum zu übertragen, muss man sich tierisch konzentrieren.

Damit das beim Konzert auch klappte, schworen wir uns vor der Show noch einmal so richtig ein. Allen war klar: Wenn nicht jeder seine Töne bis ans Ende des Platzes spielt, dann sterben wir da oben auf der Bühne vor 20.000 Menschen.

Vor so vielen Menschen zu performen bringt aber noch etwas anderes mit sich: Je größer die Konzerte sind, desto ungreifbarer werden sie auch. Man geht auf die Bühne, spielt die Show, aber bekommt immer weniger mit. Die große Anspannung davor, die Emotionen währenddessen und die Erschöpfung im Anschluss – all das sorgte dafür, dass auch wir erst so richtig verstanden, was eigentlich passiert war, als wir die Bilder und Videos von dem Abend sahen.

Was uns besonders glücklich machte: Nach dem Konzert erreichten uns zahllose Nachrichten, wie wichtig es sei, dass wir gerade an diesem Ort mit seiner dunklen Geschichte so ausgiebig gefeiert und getanzt hatten. Eine tolle Erfahrung.

Und noch etwas freute uns nach diesem Erfolg: Nachdem die Medien uns schon ein paar Jahre zuvor im wahrsten Sinne des Wortes abgeschrieben hatten – wir würden es nie schaffen, ein Konzert in dieser Größenordnung zu spielen – bewiesen wir mit diesem Auftritt das Gegenteil. Das erfüllte uns ganz offen und ehrlich mit Stolz und Zufriedenheit.

Eine solche Menschenmenge vor uns zu haben war das größte Kompliment, das man uns als Band machen konnte.

Zwei Stühle, eine Meinung: Marco Pogo von der Band Turbobier mit Stefan beim Gustieren ihres favorisierten Getränks.

Gegenseitiges Aufstacheln hilft uns, auf der Bühne den Energiefluss nie abreißen zu lassen.

#26

Die 30-Minuten-Biergarten-Tour

Irgendwann 2020 war es wieder erlaubt, im Außenbereich mit Abstand zu spielen. Das ließen wir uns nicht zweimal sagen.

Im Rahmen der Corona-Pandemie dachten wir notgedrungen unsere Bierzelt-Idee ein Stückchen weiter. Denn im ersten Pandemie-Sommer war irgendwann auch die dezente Hintergrundbeschallung im Biergarten wieder zulässig. Und weil wir in möglichst vielen Biergärten unser neues Album »Danzn« vorstellen wollten, einigten wir uns auf 30 Minuten am Stück pro Location, sodass wir schätzungsweise drei bis vier Lokalitäten dieser Art pro Tag bespielen könnten. Also griffen wir zum Telefon und beschlossen in Absprache mit den zuständigen Gesundheitsämtern ein regelkonformes Routing. Die Dehoga unterstützte uns beim Erarbeiten und Umsetzen des Hygienekonzepts. Aber die Biergärten mit einem Nightliner anzufahren hätte genauso wenig Sinn gemacht, wie mit priva-ten Fahrzeugen unterwegs zu sein. In Reminiszenz an unsere EM-Tour wählten wir eine besondere Form der Fortbewegung:

Es war schon gewagt, mitten im Lockdown eine Tour mit 24 Konzerten in einer Woche zu spielen. Aber Logistik und Hygienekonzept hielten stand.

Mit unserer Oldtimer-Flotte zogen wir ganz entschleunigt von Biergarten zu Biergarten.

Tatsächlich stellte uns Stefan Dorner vom ADAC eine echte Oldtimer-Flotte zur Verfügung. Neben einem alten Käfer sowie einem T2-Bus von VW waren das zwei Motorräder, und Stefan stieß mit seiner Mercedes-Limousine dazu. Mit dem Oldtimer-Korso setzten wir dem sportlichen Vorhaben von bis zu vier Biergärten pro Tag eine echte Entschleunigung entgegen.

Bei unseren Sets konnte man hingegen eher weniger von Entschleunigung sprechen. Laut Auflagen durften wir maximal 30 Minuten spielen – und in denen bleibt nun mal keine Zeit, sich und das Publikum großartig aufzuwärmen. Also fingen wir gleich mit einem schnellen Song an und gingen gleich voll auf

Das Reisen mit dem alten T2 erinnerte uns an die Tour mit den Mofas. Es hatte schon was, die vielen Kurzauftritte mit dem schnellen Auf- und Abbau!

Das Publikum war genau wie wir hungrig nach Live-Musik, und trotz Tanzverbots kam meistens eine super Stimmung auf.

Es tat so wahnsinnig gut, den Menschen beim Spielen wieder in die Augen schauen zu können.

die Zwölf. Und auch, wenn es nur eine abgespeckte Variante unserer eigentlichen Shows war, tat es doch wahnsinnig gut, den Menschen beim Spielen wieder in die Augen schauen zu können – und zu sehen, wie außerordentlich glücklich wir sie mit unseren kurzen Live-Auftritten machten, hatten sie doch so lange darauf verzichten müssen.

Dementsprechend ausgelassen war die Stimmung in den Biergärten. Zumindest so ausgelassen, wie Corona es eben zuließ. Und am Tisch zu bleiben, schloss für viele nicht aus, sich auf den Tisch zu begeben und dort ausgiebig zu tanzen. Mitunter kam so für einen kurzen Moment sogar echte Festzeltstimmung auf.

#27

Yoga Symphony

München und Hofbräuhaus würden wohl die wenigsten mit Brass-Musik und Yoga in Verbindung bringen. Hätten wir bis vor kurzem auch nicht getan. Aber es funktioniert hervorragend.

Als im Corona-Frühjahr 2020 zum ersten Mal Konzerte abgesagt wurden, herrschte bei uns absolute Resignation. Das, was wir am allerliebsten machten, war nicht mehr möglich. Nicht mal ein bisschen, und das auf unabsehbare Zeit.

Anfangs saß der Frust tief. Aber dann kam unser Tourveranstalter mit einer Idee auf uns zu: Im Frühjahr 2021 erlaubten die Gesundheitsämter in Bayern nämlich Sportveranstaltungen bei Mindestabstand und Maskenpflicht für 150 Personen und im Zuge dessen auch gespielte Hintergrundmusik für solche Veranstaltungen.

LaBrassBanda und Yoga? Würde man im ersten Moment vielleicht nicht zusammenbringen. Aber tatsächlich hat Yoga in unserer Bandhistorie immer schon eine Rolle gespielt. Vor allem auf der Bühne! Immer, wenn wir zur Halbzeit einer Show eine kleine Pause brauchen, machen wir ein paar kleine Entspannungsübungen – meist sogar gemeinsam mit dem Publikum.

Abgesehen davon hatten wir schon allein dadurch reichlich Erfahrung, dass wir alle im Musikstudium viel Körper-und-Geist-Arbeit gemacht hatten. Man schaut ganz früh darauf, wie der Atem fließt, wie der Körper funktioniert, wie man Muskeln und Hirn zusammenbringt. Nur so kann man wirklich auf der Bühne abliefern. Und genau da gehören eben Übungen wie Atemtechniken und Meditationen dazu.

Also machten wir uns an die Planung. Wir wählten ein paar Stücke aus und schrieben sie um. Weniger Tem-

Auch die Yoga-Konzertreihe zeigte einmal mehr, dass wir dafür belohnt werden, wenn wir eingetretene Pfade verlassen.

Weniger Tempo, andere Tonlage, tiefere Töne, die einem richtig in den Körper fahren.

po, andere Tonlage, tiefere Töne, die einem richtig in den Körper fahren. Das war die Theorie. Die Praxis gestaltete sich um einiges schwieriger. Denn es gibt vermutlich fast nichts Anstrengenderes, als einen langen Bläserton ganz locker stehen zu lassen, der sich dann wie das Leichteste auf der ganzen Welt anhört. Aber irgendwie gelang es uns doch.

Im Vorhinein hörten wir gemeinsam mit den Yoga-Lehrer:innen die Musik an, damit sie ein Gefühl dafür bekamen, und tauschten mit ihnen Ideen für den Ablauf der Show aus. Schließlich sollte sich das Publikum vor der Bühne ja auch zu der Musik bewegen.

Die große Schwierigkeit: Bei einem Live-Konzert muss man sich als Band von Anfang an darauf einstimmen, in welcher Stimmung die Leute zur Show kommen. Manche haben schon ein paar Bier intus, andere fangen gerade erst an, wieder andere stehen auf grünen Tee. Diese unterschiedliche Energie überträgt sich auf uns genauso wie umgekehrt die Energie von uns auf die Besucher:innen. Und so ist es auch beim Yoga.

Deshalb war es umso wichtiger, dass wir auf der Bühne zum einen ein Gefühl für das Publikum bekamen und zum anderen eine gewisse Ruhe ausstrahlten. Ruhig atmen, tiefe und lange Töne spielen, im Fluss bleiben. Das beherzigten auch unsere Yogalehrer:innen – ziemlich ähnlich dem, was wir auf der Bühne machten: ruhiges Atmen, sich im Fluss bewegen.

Außerdem hatten wir neben einem Yogalehrer jede Menge Percussion-Instrumente und Glocken auf der Bühne dabei, um so eine klangliche Welt zu erschaffen, die nach uns klang, es den Besucher:innen aber auch erlaubte, in die Ferne zu schweifen.

Ruhig atmen, tiefe und lange Töne spielen, im Fluss bleiben.

Als es so weit war, lagen, streckten, knieten und dehnten sich die Menschen vor der Bühne – zuerst bei der Uraufführung am 10. Oktober 2020 im Festspielhaus in Füssen, dann, 2021, in München im Hofbräuhaus – brav nebeneinander auf ihren Yogamatten. Manche von ihnen machten wirklich Yoga, andere unterhielten sich mit Sicherheitsabstand, wieder andere schliefen. Einige lachten, andere weinen. Aber alle erlebten miteinander die Musik und waren ganz beseelt davon, so sehr, dass viele im Anschluss an die Konzerte nach den Stücken fragten – zu unserer großen Freude. Denn über den Winter entstand dann unser neuestes Album »Yoga Symphony No.1«.

Die Stimmung im Festspielhaus Füssen und im Hofbräuhaus hatte ihren eigenen Charme und wir fühlten uns an die Jahre in der sinfonischen Musik erinnert.

Beim Konzert in Füssen spielte auch Peter Dressel mit, Posaunist beim Elbphilharmonie Orchester – musikalisch wie menschlich ein Genuss!

Wir ließen es uns nicht nehmen und spielten für uns noch ein paar Songs im Restaurant des Festspielhauses.

STOI

D' Welt dreht si
oiwei no
Bleibt ned steh
Schau oide Buildl o

San so schee

STOI

The world is going
round for sure
Never rests
Looking at old pictures

Still the best

Die Band in Steckbriefen

Mario »Hofer« Schönhofer
2013–2016 | E-Bass

Hat am E-Bass die Schlagzahl der gespielten Noten ins Groteske erhöht und hat durch seinen Schmäh auch für viele unfassbar unterhaltsame und skurrile Momente neben der Bühne gesorgt.

Jörg »Joy« Hartl
2013– heute | Trompete

Ist neben seinen unvergleichlichen Fähigkeiten am Instrument so etwas wie die Seele der Band. Hat immer ein offenes Ohr für alle und kümmert sich darum, dass alle auf allen Ebenen stets gut verpflegt sind.

Andreas »Hans« Hofmeir
2007–2014 | Tuba/Helikon

Hat neben LaBrassBanda eine Karriere als klassischer Tubist aufgebaut und ist im Klassikbetrieb auch heute noch barfuß in den Konzerthallen der Welt unterwegs.

Matthias »Hias« Hoffmann
2021–heute | Tuba/Helikon

Hias ist unser jüngster Neuzugang und ein wahrer Glücksfall für die Band. Er ist nicht nur Vollprofi an seinem Instrument, sondern kennt sich zudem sehr gut mit der Tonmischung von Instrumentalaufnahmen und Livekonzerten aus. Sein Stil an der Tuba ist schnörkellos, effizient und immer auf den Punkt.

Korbinian »Caribbean, Korbi« Weber
2013–heute | Trompete

Bringt ganz viel Ruhe und gleichzeitig Groove in die Band. Wenn's mal hart auf hart kommt, ist er der Fels in der Brandung.

Fabian »Fabi« Jungreithmayr
2013– heute | Gitarre, E-Bass

Ist nicht nur als Bassist der Dreh- und Angelpunkt der Band. Hat einen starken Sinn für die Gemeinschaft und ist immer auf das nächste Abenteuer aus. Für ihn zählt nichts mehr als auf der Bühne zu stehen.

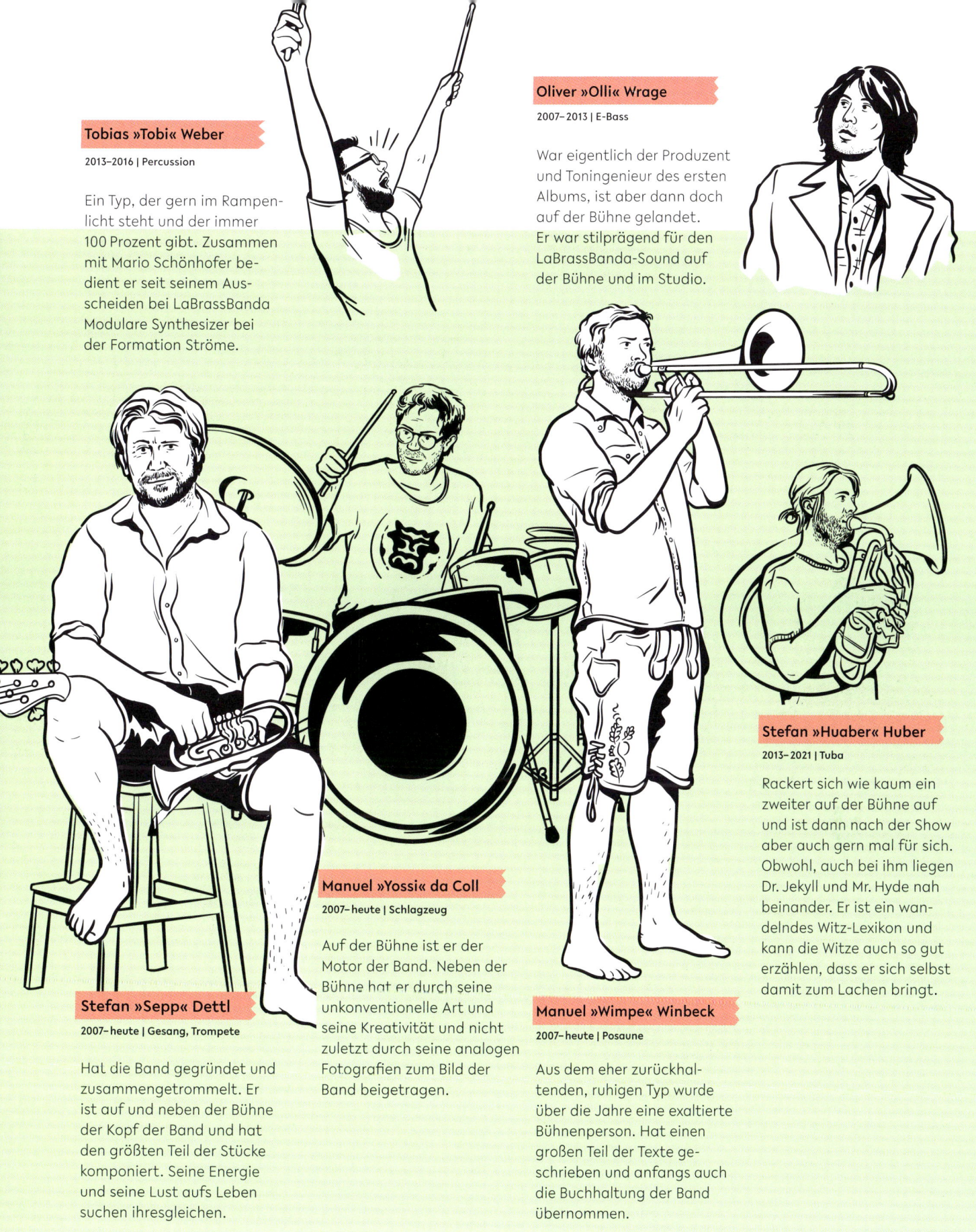

Tobias »Tobi« Weber
2013–2016 | Percussion

Ein Typ, der gern im Rampenlicht steht und der immer 100 Prozent gibt. Zusammen mit Mario Schönhofer bedient er seit seinem Ausscheiden bei LaBrassBanda Modulare Synthesizer bei der Formation Ströme.

Oliver »Olli« Wrage
2007–2013 | E-Bass

War eigentlich der Produzent und Toningenieur des ersten Albums, ist aber dann doch auf der Bühne gelandet. Er war stilprägend für den LaBrassBanda-Sound auf der Bühne und im Studio.

Stefan »Sepp« Dettl
2007–heute | Gesang, Trompete

Hat die Band gegründet und zusammengetrommelt. Er ist auf und neben der Bühne der Kopf der Band und hat den größten Teil der Stücke komponiert. Seine Energie und seine Lust aufs Leben suchen ihresgleichen.

Manuel »Yossi« da Coll
2007–heute | Schlagzeug

Auf der Bühne ist er der Motor der Band. Neben der Bühne hat er durch seine unkonventionelle Art und seine Kreativität und nicht zuletzt durch seine analogen Fotografien zum Bild der Band beigetragen.

Manuel »Wimpe« Winbeck
2007–heute | Posaune

Aus dem eher zurückhaltenden, ruhigen Typ wurde über die Jahre eine exaltierte Bühnenperson. Hat einen großen Teil der Texte geschrieben und anfangs auch die Buchhaltung der Band übernommen.

Stefan »Huaber« Huber
2013–2021 | Tuba

Rackert sich wie kaum ein zweiter auf der Bühne auf und ist dann nach der Show aber auch gern mal für sich. Obwohl, auch bei ihm liegen Dr. Jekyll und Mr. Hyde nah beinander. Er ist ein wandelndes Witz-Lexikon und kann die Witze auch so gut erzählen, dass er sich selbst damit zum Lachen bringt.

Geschichte der Band

- **2007** Bandgründung durch Stefan Dettl – mit Andreas Hofmeir, Oliver Wrage, Manuel Winbeck, Manuel da Coll

- **2008** Traktor- und Mofatour vom Chiemgau nach Wien zum Endspiel der Fußball-Europameisterschaft

- **2009** Auftritte beim Deutschen Kulturfestival sibSTANCIJA 09 in Sibirien: Nowosibirsk, Akademgorodok, Omsk, Krasnojarsk, Moskau

- Konzerte beim Harare International Festival of Arts in Simbabwe, präsentiert durch die deutsche Botschaft und die Zimbabwe German Society

- Auftritt beim Roskilde-Festival in Dänemark

- Konzertfilm über den Auftritt am 23. Oktober 2009 im Circus Krone München

- Dokumentarfilm »Habe die Ehre Übersee« von Marcus H. Rosenmüller

- **2011** Vier Konzerte in den USA auf Einladung der deutschen Botschaft, unter anderem in Washington und Los Angeles

- **2007–2015** mehr als 700 Konzerte bzw Festivalteilnahmen: u.a. Hurricane-Festival, Southside, Highfield-Festival, Sziget-Festival, Haldern Pop, Chiemsee Reggae Summer

- **2013** Teilnahme an der deutschen Vorentscheidung für den Eurovision Song Contest, zweiter Platz hinter Cascada

- Vorgruppe bei der Tournee der Band Die Ärzte

- **2014** Dokumentarfilm »LaBrassBanda« von David Spaeth

- **2015** Auszeichnung mit dem Bayerischen Poetentaler der Münchner Turmschreiber

- **2017** Around the World – Welttournee mit Konzerten unter anderem in Vietnam, Japan, Hongkong, Brasilien, Hawaii, Portugal, Marokko

- **2019** Open-Air-Konzert auf dem Königsplatz in München am 1. Juni 2019

- **2020** Konzerttour durch bayerische Biergärten mit täglich bis zu vier 30-Minuten-Auftritten, die im Rahmen der Corona-Pandemie erlaubt waren

- **2020/21** Yoga-Symphony-Konzerte in Füssen und München/Hofbräuhaus

Diskografie und Singles

ALBEN

- **2008 Habediehre**
  Erstveröffentlichung 6. Juni 2008 (Studioalbum)
- **2009 Übersee**
  Erstveröffentlichung 23. Oktober 2009 (Studioalbum)
- **2012 Live** – Olympiahalle München
  Erstveröffentlichung 13. Juli 2012 (Livealbum)
- **2013 Europa**
  Erstveröffentlichung 14. Juni 2013 (Studioalbum)
- **2014 Kiah Royal** – Live + akustisch im Kuhstall
  Erstveröffentlichung 26. September 2014 (Livealbum)
- **2015 Europa** – in Dub
  Erstveröffentlichung 24. Juli 2015
- **2017 Around the World**
  Erstveröffentlichung 24. Februar (Studioalbum)
- **2017 Around the World Live**
  Olympiahalle München
  Erstveröffentlichung 20. Oktober 2017 (Livealbum)
- **2020 Danzn**
  Erstveröffentlichung 24. Juli 2020 (Studioalbum)
- **2021 Yoga Symphony No.1**
  Erstveröffentlichung 30. April 2021 (Studioalbum)

SINGLES

- **2013** Nackert, Tecno
- **2014** Wot! (mit Captain Sensible), VW Jetta, Keine Sterne in Athen (mit Stephan Remmler)
- **2015** 40 Cent (mit Stofferl Well)
- **2017** Cadillac
- **2020** Discobauer

Ortsregister

- **A**kademgorodok 60ff.
Australien 161

- **B**osnien 14
Brasilien 162ff.
Bremen 108
Budapest 181ff.

- **C**hiemgau 32
Chiemsee 114ff.

- **D**änemark 56
Düsseldorf 132f.

- **E**ngland 154f.

- **F**ortaleza 162
Füssen 181ff.

- **G**oražde 14

- **H**amburg 108, 136f.
Harare 72
Hessen 136
Ho-Chi-Minh-Stadt 160
Höllthal (Seeon) 149
Hongkong 160

- **I**nnsbruck 40

- **J**apan 160f.

- **K**rasnojarsk 60
Kufstein 40

- **L**inz 34
London 26ff., 86ff.

Los Angeles 94ff.

- **M**anchester 156f.
Marokko 165
Marrakesch 165
Moskau 62
München 78ff., 102ff., 166, 170ff., 180ff.

- **N**ew York 94
Nordrhein-Westfalen 136
Nowosibirsk 60ff.

- **O**msk 60ff.

- **P**ortugal 165

- **R**io 162
Rosenheim 12

Roskilde 56
Russland 60ff.

- **S**alzburg 34
Sibirien 60ff.
Simbabwe 72ff.
St. Anton am Arlberg 40
Sydney 161

- **T**okio 161

- **Ü**bersee 114ff.
USA 94ff.

- **V**ietnam 160

- **W**ashington 94
Wien 32ff.

Bildnachweis

- **Umschlag vorne:** Foto von Sebastian Riepp
Umschlag hinten: Illustration von Frederik Jurk

- **Karten-Silhouette und Ticket auf Umschlag:** Getty Images und Adobestock

- **Markus Burke:** 103_1, 104_1, 104_2, 105, 106, 107_1, 107_2; **Manuel da Coll:** 10, 11_1, 11_2, 13_2, 15, 16_1, 17_1, 17_2, 20_1, 21, 27, 28, 29_1, 29_2, 30_1, 30_2, 31, 33_1, 33_2, 34, 35, 36, 37_1, 37_2, 37_3, 38/39, 41, 42, 43_1, 43_2, 43_3, 44_1, 44_2, 45, 46, 47_1, 47_2, 47_3, 47_5, 49_1, 49_2, 50, 51_1, 51_2, 51_3, 52/53, 57, 58_1, 58_2, 58_3, 59_1, 59_2, 59_3, 59_4, 63, 64_1, 64_2, 65, 66, 67_1, 67_2, 67_3, 68_1, 68_2, 69, 73, 74, 75_1, 75_2, 76/77, 82_2, 83, 87, 88, 89, 90, 91_1, 91_2, 91_3, 93, 95, 96, 98, 99, 117_1, 117_2, 117_3, 134_2, 140_1, 140_3, 141, 155, 156_1, 156_2, 157; **dpa/picture alliance:** 129, 130, 131_2; **Gerald von Foris:** 22, 23, 47_4, 97; **Sonja Herpich:** 6, 109, 110_1, 110_2, 111, 112, 113_1, 113_2, 113_3; **Philipp Hirtenlehner:** 119, 120_1, 120_2, 120_3, 121, 122-123, 138, 145, 146, 147_1, 147_2, 147_3; **Wolfgang Huber:** 157; **imago stock:** 131_1; **Joseph Kellner:** 139; **Benedikt Kreckl:** 137, 140_2; **Benedikt Markota:** 4/5, 9, 171, 172_1, 172_2, 172_3, 173, 174/175; **privat:** 16_2, 19, 20_2, 61, 78, 79, 80, 82_1, 115, 116, 133, 134_1, 134_3, 157; **Fabian Rauecker:** 127, 135; **Stefanie Reinhard:** 182_1, 183; **Andreas Richter:** 149, 150_1, 150_2, 150_3, 151, 152, 153_1, 153_2, 153_3; **Sebastian Riepp:** 107_3, 143, 161_1, 161_2, 162_1, 162_2, 163, 164, 165, 166_1, 166_2, 167, 168/169, 177, 178_1, 178_2, 178_3, 179; **Christoph Schraufstetter:** 13_1; **Daniel "HD" Schröder:** 25, 70/71, 103_2, 128_1, 128_2, 129, 130, 131_1, 131_2, 131_3; **Simon Toplak:** 181, 182_2, 184, 185_1, 185_2, 185_3; **Steph Wimmer:** 81

Dank

Unser Dank
geht an die gesamte LaBrassBanda-Familie!

Impressum

© 2022 GRÄFE UND UNZER VERLAG GmbH, München
Postfach 86 03 66, 81630 München

POLYGLOTT

POLYGLOTT ist eine eingetragene Marke der
GRÄFE UND UNZER VERLAG GmbH

ISBN 978-3-8464-0878-0
1. Auflage 2022

Alle Rechte vorbehalten. Nachdruck, auch auszugsweise, sowie Verbreitung durch Film, Funk, Fernsehen und Internet, durch fotomechanische Wiedergabe, Tonträger und Datenverarbeitungssysteme jeglicher Art nur mit schriftlicher Genehmigung des Verlags.

Text: Stefan Dettl, Jan Wehn
Verlagsredaktion: Silke Tauscher
Projektmanagement: Silke Tauscher
Lektorat: Dorothea Steinbacher
Bildredaktion:
Dr. Nafsika Mylona, Manuel da Coll
Übersetzungen Lyrics: Tamara Ferencak

Ein Unternehmen der
GANSKE VERLAGSGRUPPE

Illustrationen: Frederik Jurk, sepia
Umschlag, Gestaltung und Satz: Zebraluchs – Büro
für Ausstellungs- und Grafikdesign, www.zebraluchs.de

Herstellung: Gloria Schlayer
Repro: Medienprinzen, München
Druck: Firmengruppe APPL, Wemding
Bindung: Buchbinderei Conzella, Pfarrkirchen

Wichtiger Hinweis
Alle Bildrechte für diesen Band wurden nach bestem Wissen eingeholt. Sollten Rechtegeber nicht korrekt ermittelt und im Vorfeld kontaktiert worden sein oder für etwaige andere Korrekturen, bittet der Verlag um Nachricht an: polyglott@graefe-und-unzer.de.

Ansprechpartner für den Anzeigenverkauf:
KV Kommunalverlag GmbH & Co. KG,
MediaCenter München, Tel. 089/928 09 60

Bei Interesse an maßgeschneiderten B2B-Produkten:
roswitha.riedel@graefe-und-unzer.de

Leserservice
GRÄFE UND UNZER Verlag
Grillparzerstraße 12, 81675 München
www.graefe-und-unzer.de

Umwelthinweis
Nachhaltigkeit ist uns sehr wichtig. Der Rohstoff Papier ist in der Buchproduktion hierfür von entscheidender Bedeutung. Daher ist dieses Buch auf PEFC-zertifiziertem Papier gedruckt. PEFC garantiert, dass ökologische, soziale und ökonomische Aspekte in der Verarbeitungskette unabhängig überwacht werden und lückenlos nachvollziehbar sind.